MEHR INFORMATION FÜR DIE INFORMATIK

Anton Brenner

MEHR INFORMATION FÜR DIE INFORMATIK

Denkanstoß für Informatiker und Nichtinformatiker

Meiner Familie,
besonders meiner Frau Angelika
für tatkräftige Unterstützung und viel Geduld

Bibliografische Information der Deutschen Nationalbibliothek
Die Deutsche Nationalbibliothek verzeichnet diese Publikation in der Deutschen Nationalbibliografie; detaillierte bibliographische Daten sind im Internet über http://dnb.d-nb.de abrufbar.
1. Aufl. - Göttingen: Cuvillier, 2019

Nonnenstieg 8, 37075 Göttingen
Telefon: 0551-54724-0
Telefax: 0551-54724-21
www.cuvillier.de

1. Auflage, 2019
Gedruckt auf umweltfreundlichem, säurefreiem Papier aus nachhaltiger Forstwirtschaft.

ISBN 978-3-7369-7059-5
eISBN 978-3-7369-6059-6

VORWORT

Jeder vernünftig denkende Mensch geht davon aus, dass es in der Informatik um Information und Informationsverarbeitung mit Computern geht. Im Alltag spielen Informationen eine große Rolle, wobei besonders wichtig ist, ob eine Information wahr oder falsch ist. Das wiederum spielt innerhalb der Informatik keine besondere Rolle, weshalb die Informatik nicht gefragt ist, wenn es um „Fake" bzw. „Fake News" in den Sozialen Medien oder „Fakten" in den Informationsmedien geht. Weshalb ist das so?

Bei genauerem Hinsehen wird deutlich, dass die Informatik Information nur als Inhalt des Neuronalen Netzes eines Gehirns kennt. Kommt im Computer Information nicht vor? Ist ein „Info", ein Buch, eine Notiz keine Information im Sinne der Informatik? Oder doch?

In diesem Buch wird der Versuch unternommen, den Begriff Information von „Interner Information" auf „Externe Information" auszudehnen und die entsprechenden Konsequenzen zu bedenken:

„Mehr Information für die Informatik".

Für die Informatik ist bisher belanglos, ob die im Computer als Daten dargestellte Information von einer Einzelperson stammt oder von mehreren Personen geteilt wird. Für Information ist es aber von großer Bedeutung, ob es sich um eine subjektive Information handelt oder um eine Information, die von mehreren, gar vielen oder sogar allen Menschen geteilt wird. In diesem Buch wird differenziert zwischen Subjektiver und Intersubjektiver, Relativer, Genereller und Absoluter Information sowie zwischen Fiktion und wahrer oder falscher Information:

„Mehr Information für die Informatik".

Medien „vermitteln" zwischen Interner und Externer Information: Sprache und Schrift regeln, wie Interne Information mündlich und schriftlich ausgedrückt wird. Das Medium Binärcode regelt, wie Information „im Kopf" im Computer dargestellt wird. Das Medium Programmiersprache bestimmt die Darstellung von Algorithmen als Computerprogramme. Entsprechend vermitteln „Bildsprache" und Symbolik, Musik und Motorik, Numerik und Geometrie als Medien zwischen Interner und entsprechender Externer Information. Es stellt sich heraus, dass Medien selbst Fiktion bzw. wahre oder falsche Information, Subjektive bzw. Intersubjektive, Interne bzw. Externe Information sind. In der Informatik ohne Externe Information sind Medien dagegen „nur" Datenträger wie eine Festplatte oder ein Glasfaserkabel:

„Mehr Information für die Informatik".

Doch alle diese Überlegungen hätte ich für mich behalten, wenn bei mir nicht plötzlich der Gedanke aufgekommen wäre, dass sowohl Externe Information als auch die Realität „Struktur" besitzen, die man miteinander vergleichen könnte, um festzustellen, dass eine Externe Information wahr oder falsch ist: Eine Externe Information ist genau dann wahr, wenn Realität und Externe Information „strukturverwandt" bzw. (fachsprachlich) „homomorph" sind: Wahre Information ist ein homomorphes Abbild der Realität.

Homomorphe Abbildungen („Homomorphismen") bilden Realität auf wahre Information ab. Die fotografische Abbildung sowie die optische Abbildung mit Linsen und Spiegeln in Mikroskopen und Teleskopen ist eine homomorphe Abbildung (vgl. [2], S.360 bis 380). Die Wahrheit Externer Information zu erkennen, bedeutet einen Homomorphismus zwischen Realität und Information zu entdecken . Wenn Externe Information wahr ist, dann ist auch die entsprechende Interne Information wahr. Eine Informatik mit Externer Information ist gefragt, wenn es um „Fake" oder „Fakten" geht.

In meinem Buch „Information, Realität, Wahrheit" (vgl. [2]) aus dem vergangenen Jahr sind alle diese Überlegungen auf 460 Seiten verstreut und bilden trotzdem das inhaltliche Gerüst. Damals war mir aber zumindest nicht voll bewusst, dass die Informatik Externe Information nicht kennt. Der Informationsbegriff der Informatik erschien mir als nicht definierbarer Grundbegriff wie in der Mathematik „Punkt" oder „Gerade" oder „Menge", der nur durch sachgerechten Gebrauch seine Bedeutung, seinen Sinn und Zweck erhält. Deshalb habe ich die Vielfalt von Interner und Externer Information in über der Hälfte des Buches ausführlich dargestellt (S. 166 bis 430): Mündliche und Schriftliche, Bild- und Symbolhafte, Musikalische und Motorische, Numerische und Geometrische, Logische und Mathematische, Ethische und Religiöse sowie Natürliche Information. Nachträglich untermauern diese umfangreichen Ausführungen die Aussagen des bewusst kurzgefassten vorliegenden Buches, das man im Gegensatz zum anderen Seite für Seite lesen kann. Wem also das neue Buch zu kurz und knapp erscheint, wird empfohlen auf „Information, Realität, Wahrheit" zurückzugreifen.

August 2019

Prof. Dr. Anton Brenner

INHALTSVERZEICHNIS

1. Informatik als Wissenschaft von der Systematischen Verarbeitung von Information mit Computern

Seit etwa einem halben Jahrhundert gibt es Informatik als „Wissenschaft von der Systematischen Informationsverarbeitung mit Computern“: Ohne Holz gibt es keine Holzverarbeitung, ohne Metall keine Metallverarbeitung, ohne Daten keine Datenverarbeitung, ohne Information gibt es keine Informationsverarbeitung und keine Informatik:

Information befindet sich nach gängiger Auffassung der Informatik (in Deutschland vertreten durch die „Gesellschaft für Informatik“ (GI)), ausschließlich „im Kopf von Menschen“ bzw. im „Neuronalen Netz“ des Gehirns (vgl. Lit. (1)). Im Computer tummeln sich dagegen „Daten“, die Information darstellen, nicht aber Information sind: Daten werden unter Berücksichtigung von Datensicherheit sowie Datenschutz automatisch gespeichert und übertragen, auch um sie automatisch zu neuen Daten zu verarbeiten. Im Computer findet Datenverarbeitung statt, Informationsverarbeitung geschieht ausschließlich im Gehirn:

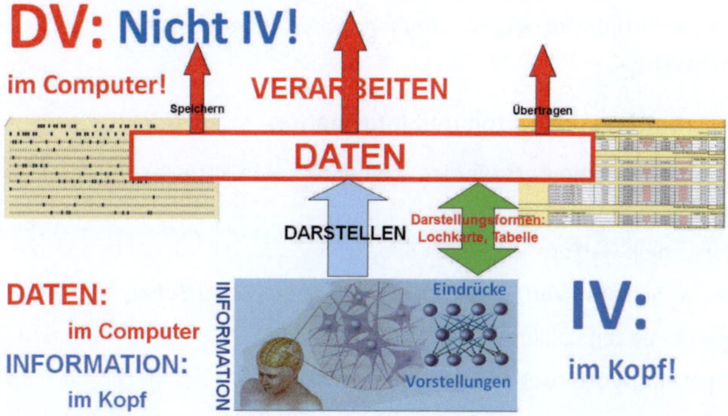

Information im Kopf eines Menschen mit ihrer Bedeutung, ihrem Sinn und Zweck besteht aus vernetzten Eindrücken und Vorstellungen, die im neuronalen Netz des Gehirns konstruktiv entstanden und gespeichert sind, aber auch zu neuer persönlicher Information verarbeitet werden können. Dies geschieht z.B. beim Kopfrechnen, wobei bekanntlich nicht jede Rechenaufgabe bewältigt werden kann.

1.1 Information mit Daten darstellen

Schon beim Schriftlichen Rechnen, in besonderer Weise bei einer EXCEL-Tabelle wird Zahl- und Recheninformation mit entsprechenden Daten dargestellt: Ziffern im Dezimalsystem samt Rechenzeichen, aber auch Rechenvorschriften mit Variablen und Klammern samt erläuternde Texte als Tabelle mit Zeilen und Spalten angeordnet. Eine andere Darstellungsform für Information aus den Anfängen der Informatik ist die Lochkarte mit kleinen Feldern für Löcher: „Loch“ bzw. „kein Loch“ bedeutet jeweils eines von zwei möglichen Zeichen. „Loch“ bzw. „kein Loch“ innerhalb einer Spalte stellen Ziffern, Buchstaben und Sonderzeichen als „Binär-Daten“ dar (lat.: bini / dtsch.: je zwei). Die binäre Informationsdarstellung auf Lochkarten geht der Darstellung von Information mit Bits und Bytes im Computer voraus:

Zur Darstellung von Information im Computer werden zunächst die Zeichen verwendet, die auf der Computer-Tastatur vorkommen. Jedem Zeichen wird computerintern genau ein Byte aus acht Bits wechselseitig eindeutig zugeordnet. Diese für Computer fundamentale „digitale“ Darstellungsform wird durch eine Zuordnungsvorschrift, einen „Binär-Code“, realisiert. Darstellen bedeutet insofern Codieren.

Bytes werden zusammengesetzt zu komplexeren Daten:

- Zahlen mit Ziffern, Vorzeichen und Komma,
- Wörtern mit Buchstaben und Wortgruppen mit Leerzeichen.

Komplexe Daten werden zusammengesetzt zu Datenstrukturen:

- Feldern gleichartiger Daten,
- Verbunde unterschiedlicher Daten,
- Dateien.

Bits und Bytes als elementare Daten, komplexere Daten und Datenstrukturen werden gespeichert und übertragen, aber vor allem zu neuen Daten verarbeitet, z.B. um komplexe Rechnungen durchzuführen oder die umfangreichen Datenbestände eines Archivs zu ordnen oder zu durchsuchen.

1.2 Verarbeitung von Daten und Information

Im Rechenwerk des Computers werden elementare und komplexere Daten direkt zu neuen Daten verarbeitet:

- Bits in „Logik-Gattern“ zu neuen Bits,
- Bytes in „Schaltnetzen“ und „Schaltwerken“ zu neuen Bytes,
- Zahlen zu neuen Zahlen als Rechenergebnissen,
- Wörter und Wortgruppen zu neuen Zeichenketten.

Daraus entsteht komplexere Datenverarbeitung in einer Abfolge von mehreren eindeutig festgelegten Schritten, ggf. mit Verzweigungen und Schleifen. Die entsprechende Information, die die Abfolge festlegt, ist ein Algorithmus, der als Daten eines Computer-Programms in „Programmiersprache“ dargestellt wird. Programmiersprache ist eine Darstellungsform für Algorithmen.

Denken und Handeln von Menschen bedeutet Verarbeitung von Information im Kopf:

Routinen sind eingeübte Denk- und Handlungsmuster, die immer gleichartig ausgeführt, vielfältig zusammengesetzt und aneinandergereiht werden. Handelt es sich um eine eindeutig festgelegte Abfolge von Routinen mit möglichen Verzweigungen und Schleifen, liegt eine „Algorithmische Informationsverarbeitung“ vor, die vor allem beim Problemlösen nützlich und vorteilhaft ist. Längst nicht alle durch Denken und Handeln lösbaren Probleme und Aufgaben, nicht einmal alle mathematischen Probleme und Aufgaben können algorithmisch gelöst werden. Meist muss bewährte Informationsverarbeitung variiert, „auf den Kopf“ gestellt oder neu kombiniert werden. Bewegliches Denken, neue kreative Denk- und Handlungsansätze machen “Heuristische Informationsverarbeitung“ aus.

2. Interne und Externe Information: Abbild von Realität oder Fiktion

Die herkömmliche Informatik sieht Information ausschließlich als Interne Information:

2.1 Interne Information: Vernetzte Eindrücke und Vorstellungen

Das Gehirn als „Neuronales Netz" ist in der Lage, Eindrücke und Vorstellungen zu konstruieren, zu vernetzen und in einem Kurz- und Langzeit-Gedächtnis zu speichern. Die Interne Information im Gehirn hat Bedeutung, Sinn und Zweck:

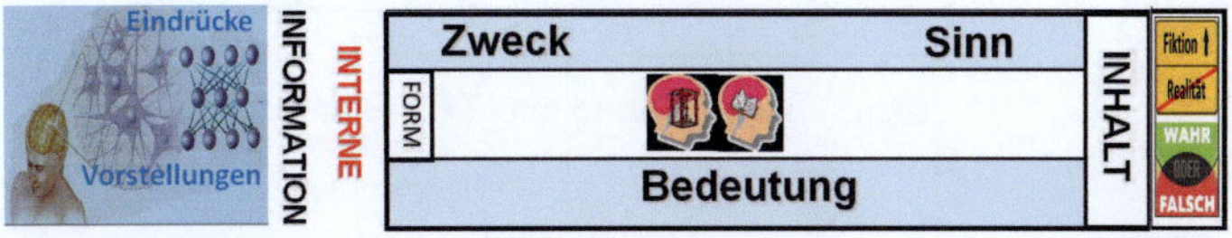

Sie hat entweder Bezug zur Realität und ist dann wahr oder falsch oder sie ist ein „Hirngespinst", eine „Einbildung", eine Erfindung, eine Fiktion (fictio (lat.): Erfindung). Information mit Bezug zur Realität bzw. mit Wahrheitsgehalt („wahr" oder „falsch") wird als Information i.e.S. verstanden.

Interne Information hat Form und Inhalt:

- Das Neuronale Netz in seiner Funktion als Kurz- und Langzeit-Gedächtnis ist die Form, die den Inhalt aufnimmt:
- Bedeutung, Sinn und Zweck gehören zum Inhalt, aber auch Fiktion bzw. „Wahr oder falsch".

Interne Information wird z.B. durch Denken intern zu neuer Interner Information verarbeitet:

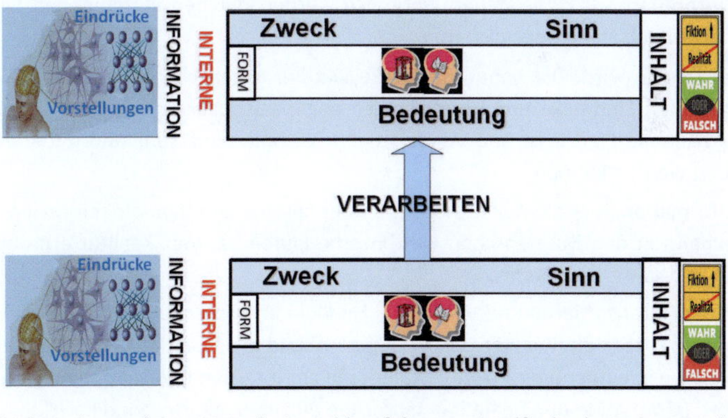

Das geschieht in besonderer Weise beim Schlussfolgern mit Hilfe des logischen Denkens als

- „Induktives Schließen": Aus einer wahren Information folgt eine neue Information, die höchstwahrscheinlich auch wahr ist.
- „Deduktives Schließen": Aus einer wahren Information folgt eine neue Information, die mit absoluter Sicherheit auch wahr ist.

Deduktives Schließen kann neue Information „beweisen“. Mit Induktivem Schließen wird neue Information „begründet“, jedoch nicht bewiesen. Argumentieren bedeutet, Induktives und Deduktives Schließen sinnvoll miteinander zu verbinden.

Interne Information ist zum großen Teil Abbild von Realität:

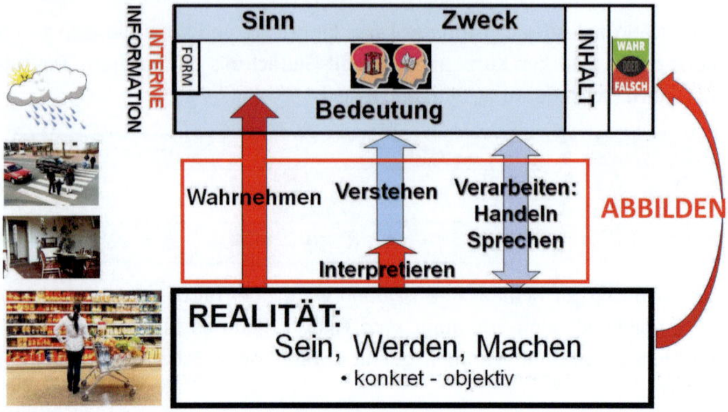

Realität besteht aus konkreten Objekten (Dinge, Personen etc.) und zeitlichem Geschehen, z.B. Wetter, Straßenverkehr, Wohnen oder Einkaufen im Supermarkt. Philosophen ordnen Realität mit den Vorstellungen vom beständigem „Sein“, zeitabhängigem „Werden“ und willentlichem „Machen“.

Interne Information mit Bedeutung, Sinn und Zweck entsteht, indem Realität

- mit den Sinnen selektiv wahrgenommen wird: Nur ein Ausschnitt der Realität hinterlässt Sinneseindrücke, die das Kurz- und Langzeitgedächtnis erreichen.
- interpretiert wird: Die neuen Eindrücke werden mit den vorhandenen Eindrücken und Vorstellungen abgeglichen.
- verstanden wird: Die neuen Eindrücke werden angeglichen („assimiliert“), die vorhandenen Eindrücke und Vorstellungen angepasst („akkommodiert“), bis neue und vorhandene Eindrücke und Vorstellungen „zusammenpassen“ und mit anderen vernetzt werden können.

Interne Information über die Realität ist wahr oder falsch. Beim Handeln mit realen Objekten und Sprechen mit den Mitmenschen wird Interne laufend an der Realität erprobt, weiterentwickelt und somit verarbeitet.

Wahrnehmen, Interpretieren und Verstehen, Handeln und Sprechen erzeugen mit der Internen Information über die Realität ein „geistiges“ Abbild der Realität: Den Bestandteilen der Realität werden in eindeutiger Weise Bestandteile der Internen Information eines Menschen zugeordnet: Information und Realität entsprechen einander, „korrespondieren“.

Es gibt aber durchaus Interne Information, die nicht Abbild von Realität ist: Die Interne Informationsverarbeitung im Gehirn konstruiert auch Information, die in keinem oder nur losem Zusammenhang mit der Realität steht: Dazu gehören z.B. Phantasiegeschichten, Märchen, aber auch Träume und irreale Ängste. Im Gegensatz zu Information über die Realität, zu Information i.e.S., sind sie Fiktionen.

Form und Inhalt, d. h. Bedeutung, Sinn und Zweck, Realitätsbezug (oder nicht) und Wahrheitsgehalt hat auch jede EXCEL-Tabelle:

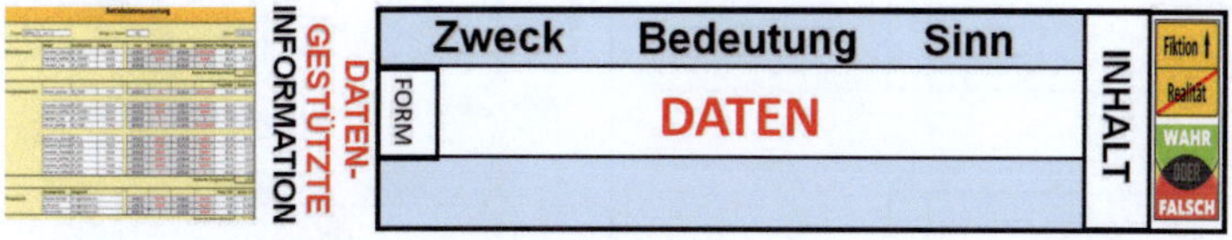

Zahlen, Rechenzeichen, Wörter und Rechenvorschriften bilden eine Form aus Daten, die den Inhalt - Bedeutung, Sinn und Zweck, Fiktion bzw. „wahr" oder „falsch"- aufnimmt. Im Gegensatz zum Neuronalen Netz als „interne" Form von „Interner Information" bilden die Daten eine „externe" Form, außerhalb bzw. losgelöst von einer Person.

Eine EXCEL-Tabelle stellt nicht nur Information mit Daten dar, sondern ist selbst Information, „Externe Information":

2.2 Datengestützte Information: Daten interpretieren, Information verarbeiten

Jede EXCEL-Tabelle entsteht zunächst im „Kopf". Interne Information wird als „Datengestützte Information" ausgedrückt:

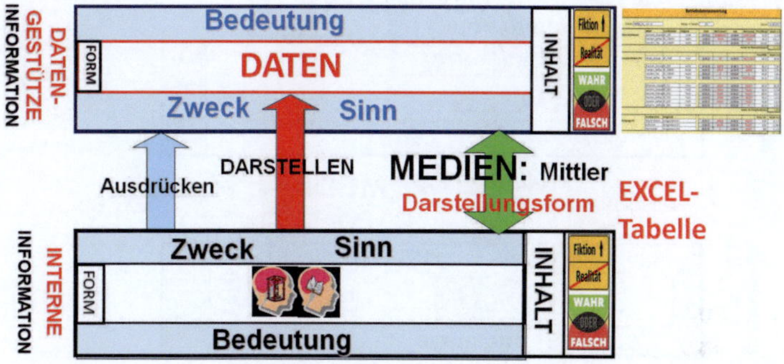

Interne Information wird als Daten dargestellt. Die Darstellungsform „EXCEL-Tabelle" regelt die Struktur der Daten, wie es das EXCEL-Handbuch festlegt, und bestimmt damit Bedeutung, Sinn und Zweck der EXCEL-Tabelle entsprechend der Internen Information. Realitätsbezug und Wahrheitsgehalt gehen von der Internen Information auf die Externe Information unverändert über:

Eine EXCEL-Tabelle ist EXTERNE Information

Die Darstellungsform dient als „Brücke", Mittler bzw. Medium (lat.: Mitte) zwischen Interner und Datengestützter Information. Wie mit einem Code Daten verschlüsselt werden, wird Interner Information durch Ausdrücken mit einem Medium als „Schlüssel" Datengestützte Information gleichen Inhalts und Wahrheitsgehalts eindeutig zugeordnet. Wie mit demselben Code verschlüsselte Daten wieder entschlüsselt werden, wird Datengestützte Information mit demselben Medium wieder auf Interne Information zurückgeführt und damit verstanden:

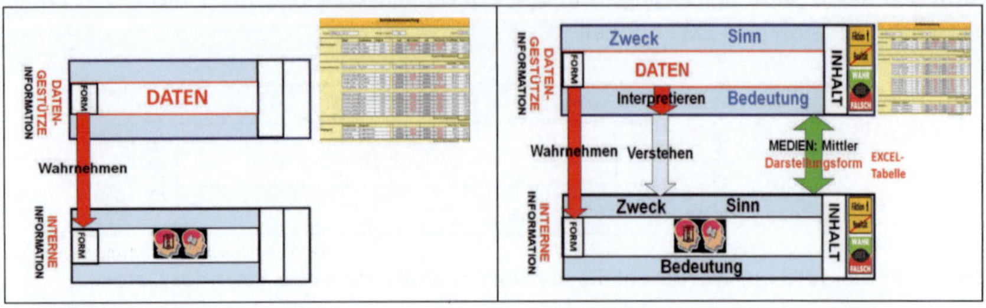

Nachdem die Daten wahrgenommen sind, müssen sie zunächst interpretiert werden:

Das Medium EXCEL-Tabelle legt fest, wie sich aus der Struktur der Daten Bedeutung, Sinn und Zweck der Datengestützten Information ergeben. Beim Verstehen der Datengestützten Information geht deren Inhalt samt Realitätsbezug und Wahrheitsgehalt auf die Interne Information über.

Datengestützte Information ermöglicht Datenverarbeitung und - damit verbunden - „Externe“ Informationsverarbeitung:

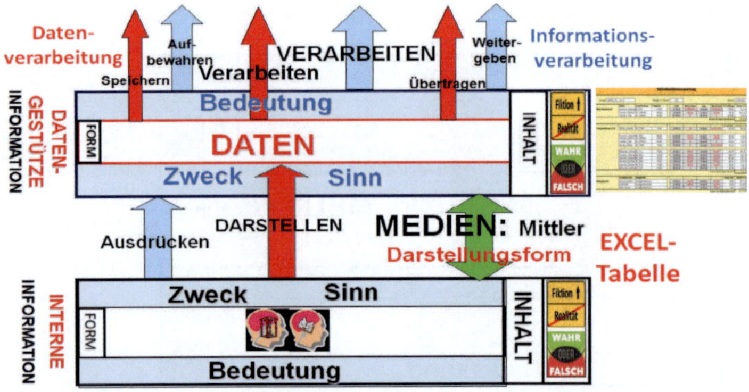

- Beim Speichern von EXCEL-Daten als Datei wird auch ihre Struktur, damit der Inhalt der Datengestützten Information und damit sie selbst aufbewahrt. Dabei ist die Darstellungsform „EXCEL-Tabelle“ von entscheidender Bedeutung. Deshalb wird der Datei-Kürzel „.xls“ an den Dateinamen angehängt.
- Beim Übertragen von EXCEL-Daten wird auch ihre Struktur, damit der Inhalt der Datengestützten Information und damit sie selbst weitergegeben. Dabei ist wiederum die Darstellungsform „EXCEL-Tabelle“ von entscheidender Bedeutung, weshalb derselbe Datei-Kürzel „.xls“ an den Dateinamen angehängt ist.
- Beim Verarbeiten von Daten zu neuen Daten wird auch ihre Struktur, damit der Inhalt der Datengestützten Information und damit sie selbst unter Beibehalt der Darstellungsform „EXCEL-Tabelle“ verarbeitet.

Speichern und Übertragen von Daten bzw. Aufbewahren und Weitergeben von Information wird meist dem entsprechenden Verarbeiten zugerechnet.

Damit geschieht Informationsverarbeitung nicht mehr ausschließlich im Gehirn. Neben Interne Informationsverarbeitung im Gehirn tritt Externe Informationsverarbeitung:

Tabellenkalkulation mit EXCEL:
Informationsverarbeitung über Datenverarbeitung

Tabellenkalkulation mit EXCEL:
Systematische Informationsverarbeitung mit dem Computer

Dabei bleibt Ausdrücken von Interner Information, Interpretieren von Daten und Verstehen von Datengestützter Information reine Interne Informationsverarbeitung und damit eine nicht über Computer ersetzbare Denkleistung.

Für die Informatik unverzichtbare Datengestützte Information sind Computer-Programme mit unterschiedlichen Programmiersprachen als Darstellungsformen. Sie entstehen aus Algorithmen als Interne Information:

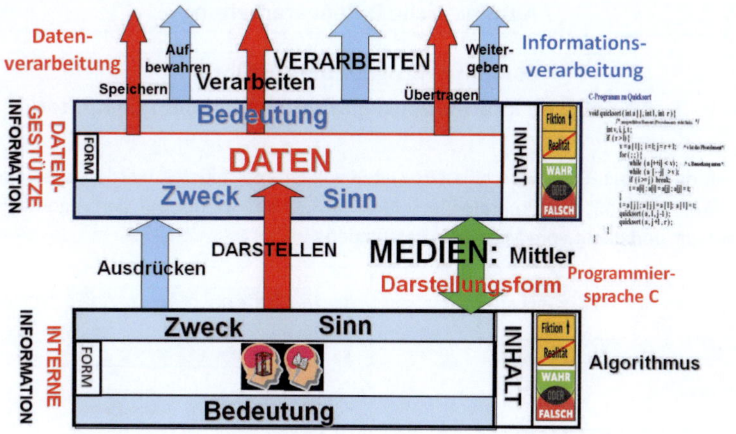

Im Manual der Programmiersprache C++ ist festgelegt, wie die einzelnen Schritte des Algorithmus als Programm-Text mit strukturierten Daten dargestellt werden müssen. Beim „Strukturierten Programmieren“ bestimmt die Programmiersprache als Darstellungsform die „Struktur“ der Daten und damit Bedeutung, Sinn und Zweck der Datengestützten Information.

Ein Computer-Programm ist EXTERNE Information

Bei der Automatischen Verarbeitung der Programm-Daten durch einen „Compiler" entsteht ein „Maschinen-Programm" gleichen Inhalts als „.exe-Datei" (executable (engl.): ausführbar):

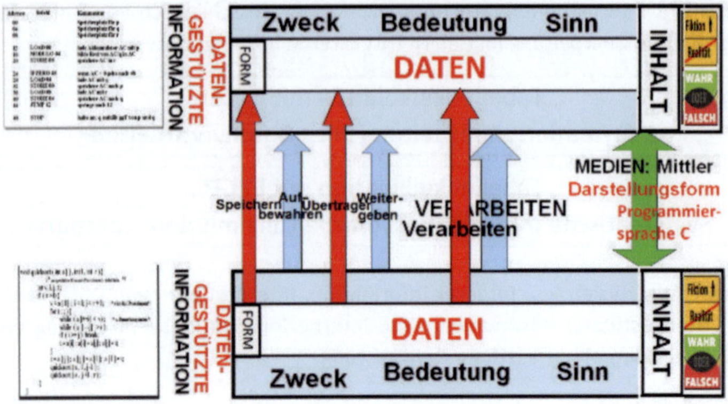

Über weitere Automatische Datenverarbeitung wird das Maschinenprogramm vom Computer ausgeführt und so der Algorithmus automatisiert durchführt.

Computer-Programme ausführen:
Automatisierte Informationsverarbeitung über
Automatische Datenverarbeitung

Computer-Programme ausführen:
Systematische Informationsverarbeitung mit dem Computer

Wie mit demselben Code verschlüsselte Daten wieder entschlüsselt werden, wird ein Computer-Programm mit der Programmiersprache als „Code" wieder auf den Algorithmus zurückgeführt und damit vom Menschen verstanden:

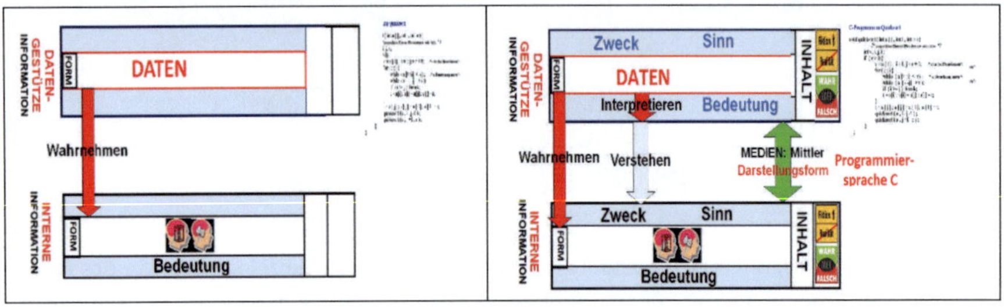

Nachdem die Daten wahrgenommen sind, müssen sie zunächst interpretiert werden:

Das Medium Programmiersprache legt fest, wie sich aus der Struktur der Daten Bedeutung, Sinn und Zweck der Datengestützten Information ergeben. Beim Verstehen der Datengestützten Information geht deren Inhalt samt Realitätsbezug und Wahrheitsgehalt auf die Interne Information als Algorithmus über.

Auch Datengestützte Information ist oft Abbild von Realität:

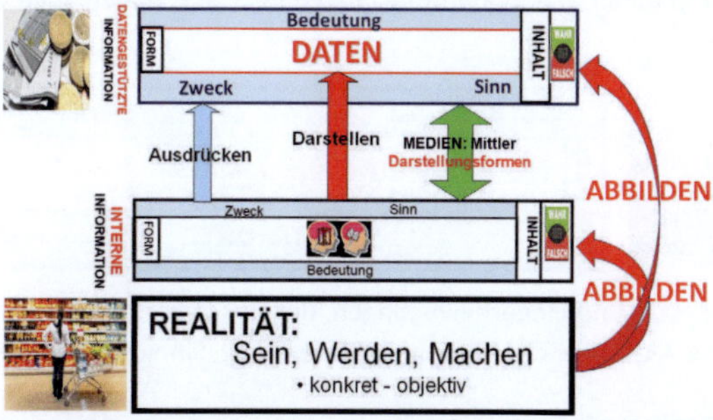

Ein Ausschnitt der Realität eines Supermarktes sind Warenpreise und Geld:

Vorstellungen von Warenpreisen und Geld sind als Interne Information Abbild der Realität. Indem diese Interne Information korrekt als Preisschilder und Bargeld ausgedrückt wird, entsteht Datengestützte Information als Abbild der Realität mit demselben Inhalt und Wahrheitsgehalt wie die Interne Information. Den Bestandteilen der Realität werden in eindeutiger Weise Bestandteile der Datengestützten Information zugeordnet. Datengestützte Information und Realität entsprechen einander, „korrespondieren".

Datengestützte Information ist als wahre oder falsche Information über die Realität oder aber auch als Fiktion im alltäglichen Leben weit verbreitet:

Infos, Zeitungen, Zeitschriften, Bücher, Landkarten, Partituren etc. und auch die Ilias von Homer sind damit wirklich Information, nicht nur Daten: Externe Information. Sie unterscheiden sich von EXCEL-Tabellen und Computer-Programmen, die „Computerbasierte Information" darstellen:

Computerbasierte Information: Information mit Externen und Internen Daten:

EXCEL-Tabellen und Computer-Programme besitzen ihre Daten in doppelter Ausführung:

- Daten auf Bildschirm bzw. Tastatur (Zahlen, Texte, Symbole etc.):
  „Externe Daten",
- Daten im Computer in Binärer Darstellung (Bits und Bytes):
  „Interne Daten"

Externe und Interne Daten sind mit einem „Binär-Code" einander wechselseitig eindeutig zugeordnet.

Datengestützte Information ist nicht die einzige Information, die über Interne Information hinausgeht. Form und Inhalt, d.h. Bedeutung, Sinn und Zweck, haben auch Gestik und Mimik einer Verkehrslotsin:

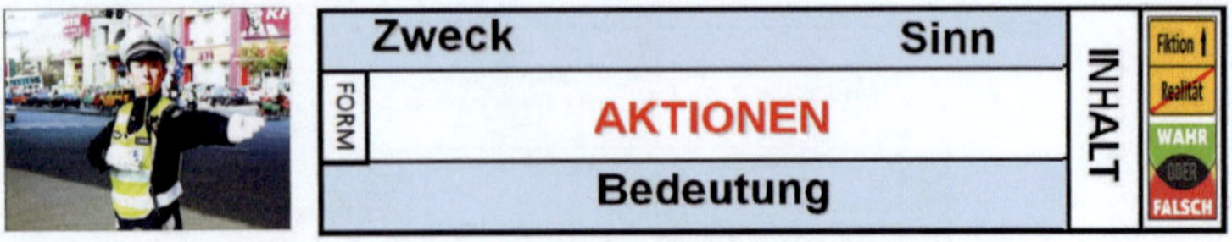

Handlungen, Kopf-, Arm- und Fingerbewegungen, der Gesichtsausdruck, der gesamte Körper bilden eine Form aus Aktionen, die den Inhalt - Bedeutung, Sinn und Zweck - aufnimmt:

2.3. Aktionsgestützte Information: Aktionen interpretieren, Information formalisieren

Gestik und Mimik entstehen selbstverständlich „im Kopf“. Interne Information wird als Aktionsgestützte Information ausgedrückt:

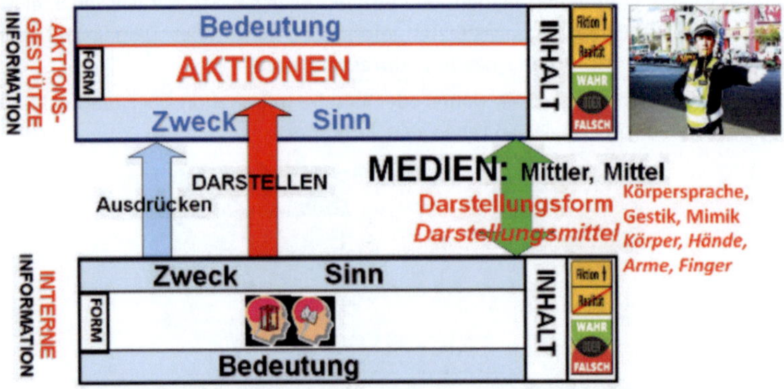

Interne Information eines Menschen wird von ihm als Aktionen dargestellt. Die Darstellungsformen Gestik, Mimik, Körpersprache regeln die sachgerechte Struktur der Aktionen, z.B. Nacheinander, Gleichzeitigkeit, Wiederholung. Sie bestimmen damit Bedeutung, Sinn und Zweck der Aktionsgestützten Information. Realitätsbezug und Wahrheitsgehalt gehen von der Internen Information auf die Externe Information unverändert über.

Die Darstellungsform dient als „Brücke“, Mittler bzw. Medium zwischen Interner und Aktionsgestützter Information. Sie wird geprägt durch Darstellungsmittel: Hände, Gesicht und Körper, aber auch Kleidung. Interner Information wird durch Ausdrücken mit Medien als „Schlüssel“ Aktionsgestützte Information gleichen Inhalts und gleichen Wahrheitsgehalts eindeutig zugeordnet. Wie mit einem Code verschlüsselte Daten wieder mit demselben Code entschlüsselt werden, wird auch Aktionsgestützte Information mit denselben Medien wieder auf inhaltsgleiche Interne Information zurückgeführt und damit vom Menschen verstanden:

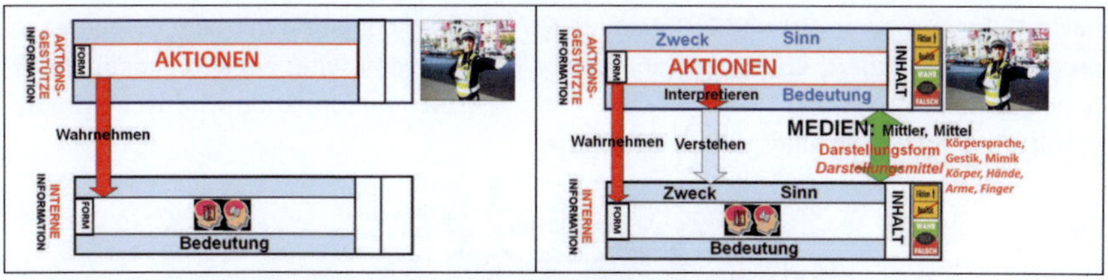

Die wahrgenommenen Aktionen werden zunächst interpretiert:

Die Medien bestimmen, wie sich aus der Struktur der Aktionen Bedeutung, Sinn und Zweck der Aktionsgestützten Information ergeben. Beim Verstehen der Aktionsgestützten Information geht deren Inhalt samt Realitätsbezug und Wahrheitsgehalt auf die Interne Information über.

Auch Aktionsgestützte Information ist oft Abbild von Realität:

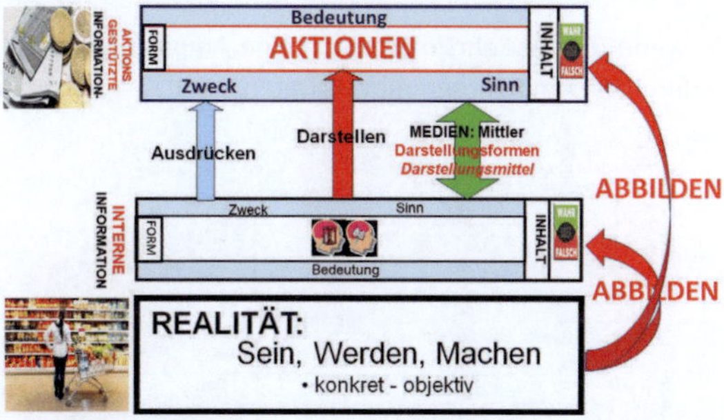

Interne Information über Warenpreise und das Geld drücken sich auch in Aktionen bzw. Aktionsgestützter Information aus: Das Bezahlen mit Bargeld oder Geldkarte hat Bedeutung, Sinn und Zweck und stellt Warenpreise und Geldbeträge wahr bzw. richtig oder falsch dar.

Warenpreise und Geldvorstellungen sind als Interne Information Abbild der Realität. Indem diese Interne Information in Aktionen dargestellt wird, entsteht Aktionsgestützte Information als Abbild der Realität mit demselben Inhalt und Wahrheitsgehalt wie die Interne Information. Den Bestandteilen der Realität werden in eindeutiger Weise Bestandteile der Aktionsgestützten Information zugeordnet. Information und Realität entsprechen einander, „korrespondieren".

Aktionsgestützte Information ist im Alltag weit verbreitet (vgl. [2], S.49):

- Sprechen, Gestik und Mimik, Lotsen, Musizieren,
- Schreiben, Zählen und Messen, Malen,
- aber auch ganz andere Handlungen, die nicht auf Kommunikation angelegt sind, wie Kochen, Essen und Trinken, Abfüllen und Laufen.

Reale Aktionen sind an Ort und Zeit gebunden. Als Video können sie mit dem Computer reproduziert, gespeichert, übertragen und bearbeitet bzw. verarbeitet werden, indem die Aktionen zu Binär-Daten umgeformt werden. Aktionsgestützte Information wird zu der Datengestützten Information eines Videos umgeformt:

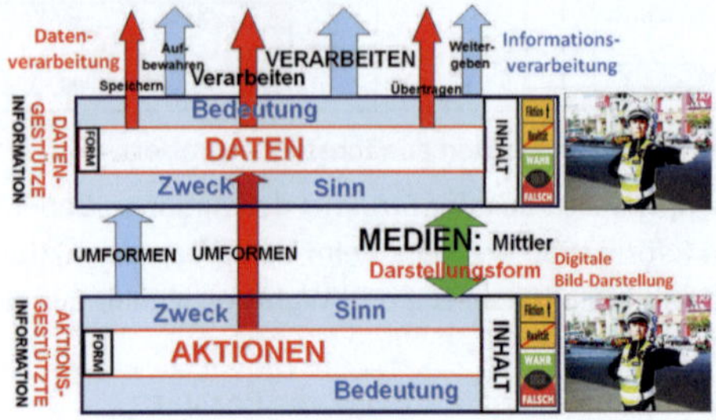

Das geschieht auch, wenn der Verkehrslotse durch eine Ampelanlage und seine Aktionsgestützte Information durch ein Ampelprogramm als Datengestützte Information ersetzt wird:

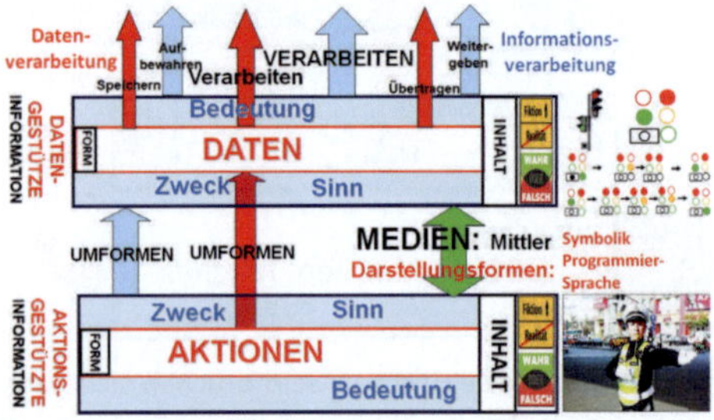

Das Ampel-Programm hat gegenüber Körpersprache, Gestik und Mimik viel an Gestaltungsfreiheit verloren. Es ist aufs höchste reglementiert, in seiner Form auf das unbedingt notwendige reduziert: Das Umformen von Aktionsgestützter Information in Datengestützte Information heißt deshalb „Formalisieren".

Bei der automatischen Ausführung des Ampel-Programms wird Datengestützte Information zu Aktionsgestützter Information umgeformt:

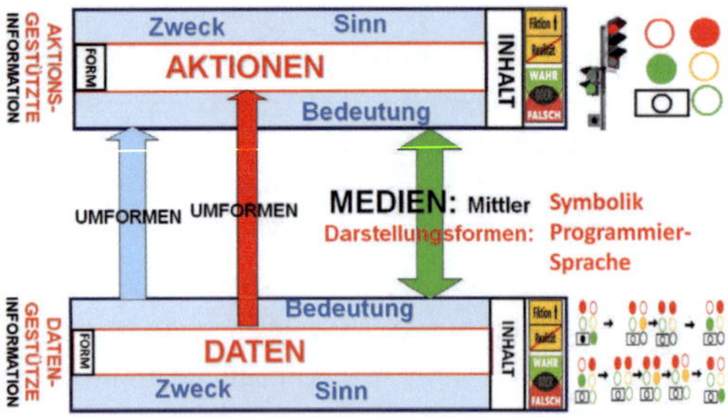

Das Umformen von Datengestützter Information in Aktionsgestützte Information heißt deshalb „Enaktivieren".

Formalisieren und Enaktivieren in ihrem Zusammenspiel prägen den Umgang mit

Bildhafter und Symbolhafter, Schriftlicher und Mündlicher, Musikalischer und Motorischer, Numerischer und Geometrischer, Mathematischer und Logischer, Ethischer und Religiöser Information (vgl. [2]).

Genau dies geschieht auch, wenn die Aktionen eines Roboters programmiert und automatisch ausgeführt werden: Aktionsgestützte und Datengestützte Information werden ineinander umgeformt und bilden zusammen eine neue Einheit: Information aus Daten und Aktionen, eine besondere Form von Externer Information:

Datengestützte Information ermöglicht Datenverarbeitung und - damit verbunden - „externe“ Informationsverarbeitung. Damit geschieht Informationsverarbeitung wiederum nicht mehr ausschließlich im Gehirn. Neben Interne Informationsverarbeitung im Gehirn tritt Externe Informationsverarbeitung:

Robotik:
Informationsverarbeitung über Datenverarbeitung
Systematische Informationsverarbeitung mit dem Computer

2.4 Umformen und Verarbeiten von Interner und Externer Information

Einander entsprechende Interne und Externe Information unterscheiden sich in ihrer Form, nicht aber in ihrem Inhalt und können deshalb ohne Informationsverlust ineinander umgeformt werden. Mit der **Hand als Symbol für Aktionen** und **Brief und Buch als Symbol für Daten** werden sechs Umformungen von Information als Zuordnungen der drei Klassen von Information dargestellt:

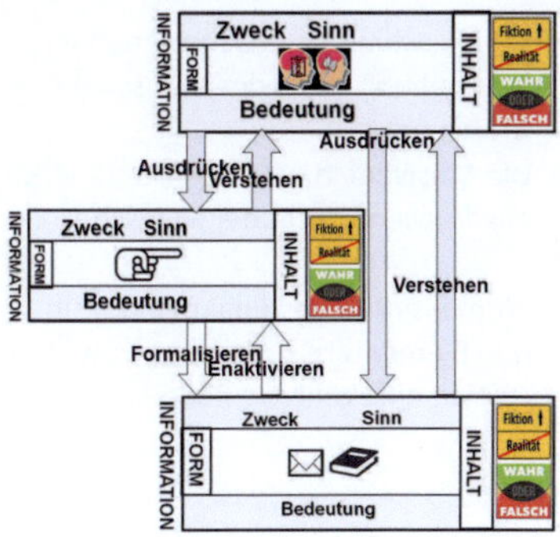

- Von jeder Information gehen zwei Zuordnungen aus, bei jeder Information kommen zwei Zuordnungen an.
- Ausdrücken und Verstehen betreffen immer Interne Information.
- Formalisieren und Enaktivieren betreffen nur Externe Information.

Weil Umformen die Form als wesentlichen Bestandteil von Information verändert, kann sie auch zur Informationsverarbeitung gezählt werden. So entstehen neun Klassen von Informationsverarbeitung i.w.S.:

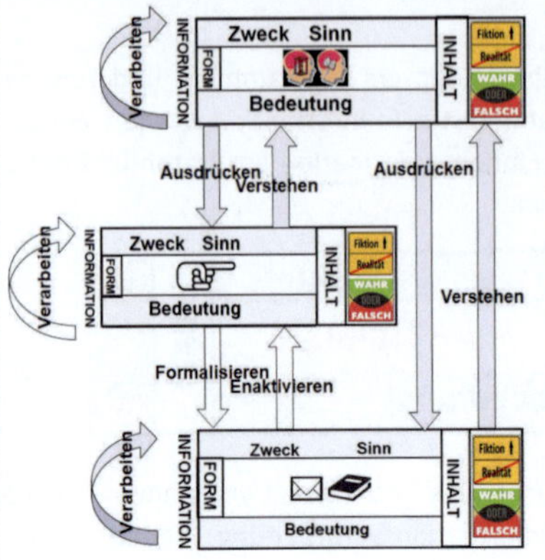

Informationsverarbeitung i.e.S.:

- Interne Informationsverarbeitung im Gehirn (vgl. [2], S.124)
- Aktionsgestützte Informationsverarbeitung wird entweder über Interne oder Externe Informationsverarbeitung realisiert.
- Externe Informationsverarbeitung durch Datenverarbeitung mit dem Computer (vgl. [2], S.126 f)

Datengestützte Information kann auch ohne Computer durch Datenverarbeitung im Gehirn realisiert werden: Klassisches Schriftliches Rechnen geschieht auf dem „Umweg“ über Interne Information und Interne Informationsverarbeitung. Formalisieren und Enaktivieren kann auch auf diesem Weg über Interne Information realisiert werden. Insofern ist Interne Information unter den Klassen von Information die “Primärklasse“. Aktions- und Datengestützte Information sind „Sekundärklassen“. Interne Informationsverarbeitung sowie Ausdrücken und Verstehen sind „Elementare Zuordnungen“, Formalisieren und Enaktivieren sowie das Verarbeiten von Aktionsgestützter Information sind „Zusammengesetzte Zuordnungen“.

„Künstliche-Intelligenz“-Anwendungen sehen Datengestützte Information als Primärklasse, Interne und Aktionsgestützte Information als Sekundärklassen:

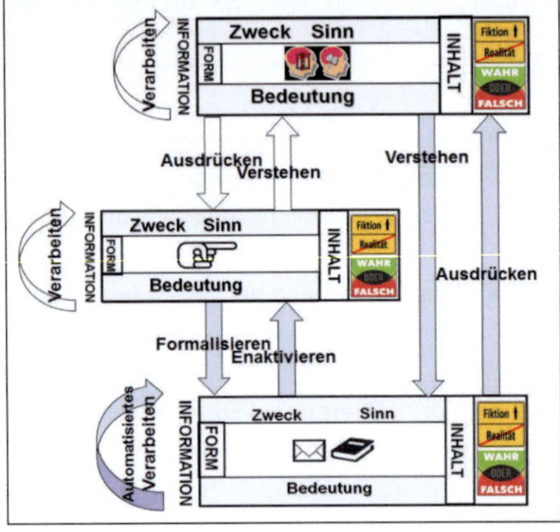

Die Rollen sind vertauscht:

- Die Maschine muss den Menschen „verstehen“, nicht der Mensch die Maschine.
- Die Maschine muss „sich verständlich ausdrücken“, nicht der Mensch.
- Formalisieren und Enaktivieren sind nun Elementare Zuordnungen und spielen eine zentrale Rolle.

3. Subjektive und Intersubjektive Information

Information betrifft nicht jeden Menschen in gleicher Weise. Ihre Bedeutung, ihr Sinn und Zweck ist oft nur für einen einzelnen Menschen bestimmt, manchmal nur für ein Paar oder wenige Menschen, oft aber für eine größere Gemeinschaft oder gar für die Allgemeinheit. Entsprechend kann Information nicht nur nach ihrer Form, sondern auch nach der Tragweite ihres Inhaltes in Bezug auf Personen klassifiziert werden: Subjektive – Relative – Generelle Information:

3.1 Subjektive Information eines einzelnen Menschen

Ein persönliches Notizbuch, ein Tagebuch oder Fotoalbum als Externe Information, Individuelles Wissen und Können als Interne Information beziehen sich oft nur auf eine bestimmte Einzelperson, wie z.B. dieses Baby-Foto:

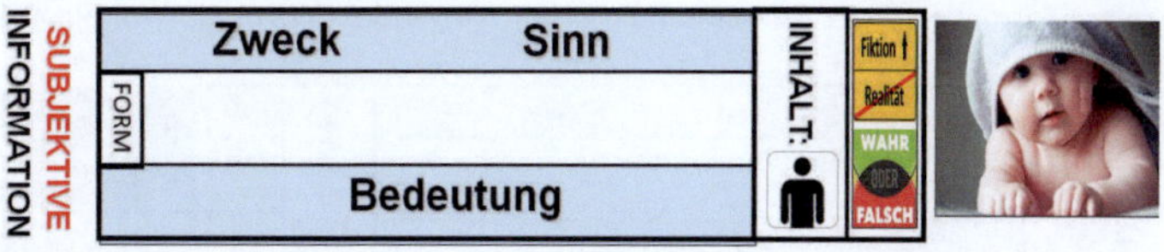

Unabhängig von der Form ist der Inhalt subjektiv, weil er z.B. nur die Mutter betrifft.

Die gesamte Subjektive Information ist unabhängig von der Form auf Einzelpersonen verteilt:

Subjektive Information:	Jede Einzelperson verfügt über ihre eigene Subjektive Information als Klasse von Informationen.

Subjektive Information wird z.B. durch Denken intern zu neuer Subjektiver Information verarbeitet. Subjektive Information verschiedener Einzelpersonen wird miteinander in Verbindung gebracht durch Weitergeben

- „von Angesicht zu Angesicht“: Direktes Weitergeben
- über größere räumliche oder zeitliche Entfernungen: Indirektes Weitergeben

	Die betreffende Subjektive Information wird unabhängig von der Form beim Weitergeben an die andere Person angeglichen: • Die Information des Adressaten muss geeignet verändert, angepasst, „akkommodiert“ werden. • Die Information des Absenders muss passend verändert, angeglichen, „assimiliert“ werden. • Subjektive Information wird von der betreffenden Person verarbeitet.

Akkommodieren und Assimilieren verändern Subjektive Information und werden deshalb beim Verarbeiten von Information eingeordnet. Weitergeben ist reduziert auf die reine Zuordnung von Information des Absenders zu Information des Adressaten:

Eine bestimmte Subjektive Information wird mit der Subjektiven Information einer oder mehrerer Personen in Verbindung gebracht, in Beziehung gesetzt, einer oder mehreren Informationen des Adressaten zugeordnet. Weitergeben ist eine mehrdeutige Zuordnung von Subjektiver Information zu Subjektiver Information. Die gesamte Klasse Subjektive Information wird durch Weitergeben sich selbst eindeutig zugeordnet.

3.2 Relative Information: Intersubjektive Information einer Gemeinschaft

Gemeinsame Meinungen und Überzeugungen, gemeinsame Erlebnisse und Träume, die Heiratsurkunde jedes Ehepaares, das Stammbuch jeder Familie, das Klassenbuch, kollektiver Beifall oder kollektives Pfeifkonzert, Händeschütteln etc. sind nicht mehr Information einer Einzelperson, sondern Information einer Gemeinschaft, deren Mitglieder Information miteinander teilen:

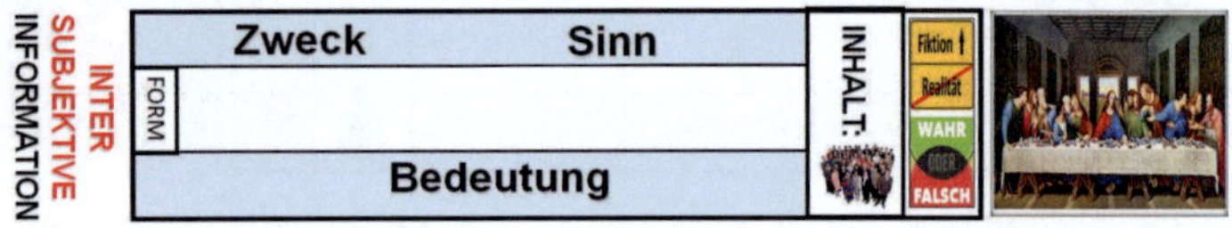

Unabhängig von der Form ist der Inhalt „intersubjektiv“:

Das berühmte Gemälde „Das Abendmahl“ ist ursprünglich eine Subjektive Fiktion von Leonardo da Vinci und drückt gleichzeitig für jeden Christen etwas aus: Bedeutung, Sinn und Zweck der Information beziehen sich nicht mehr nur auf da Vinci als Einzelperson. Bei der Verbreitung auf das Christentum wird der Inhalt verändert: Er wird abstrakter, weil es sich um eine gemeinsame Information aller Christen handelt, die nicht alles beinhaltet, was da Vinci ursprünglich hineingesteckt hat. Die Information wird relativ: Sie ist nicht mehr unabhängig von anderen Personen wie ursprünglich, sondern steht in Beziehung zu anderen Personen: Sie ist „Relative Information“ einer Gemeinschaft.

Relativieren von Subjektiver Information:

Die Information einer Einzelperson wird zur Information einer oder mehrerer Gemeinschaften:

Eine Person bringt ihre eigene Information in eine Gemeinschaft ein, sei es durch Überzeugung oder auch nur Überredung der Anderen oder auf eine irgendeine andere Art und Weise. Das gelingt nicht jeder Person auf gleiche Weise und in gleichem Maße aufgrund ihrer unterschiedlichen Rollen bzw. ihrer unterschiedlichen Autorität in der betreffenden Gemeinschaft, z.B. als Meinungsführer, Mitläufer, Fachmann oder Laie. Jedes Relativieren verändert Subjektive Information, indem diese mit der Information der Gemeinschaft in Einklang gebracht werden muss. Weil Relativieren nicht nur eine einzige Gemeinschaft betrifft, ist jedes Relativieren einer Subjektiven Information eine mehrdeutige Zuordnung von Subjektiver Information zu Relativer Information. Die gesamte Klasse Subjektive Information wird durch Relativieren der Klasse Relative Information eindeutig zugeordnet.

Ihre Umkehrung:

Die betreffende Gemeinschaft besteht aus Einzelpersonen, die sich Relative Information zu eigen machen:

Subjektivieren von Relativer Information

Die Information einer Gemeinschaft wird zur Subjektiven Information einer Einzelperson: Eine Person erhält Information von einer Gemeinschaft, der sie angehört:

- Ein Industriearbeiter, ein Parteimitglied erhält Informationsmaterial von seiner Gewerkschaft, seiner Partei.
- Ein potentieller Kunde liest den Werbe-Prospekt einer Supermarkt-Kette.
- Eine Schülerin, ein Schüler übernimmt Meinungen und Überzeugungen, Einstellungen und Haltungen der Klassenkameraden oder des Lehrpersonals.

Relative Information mit der eigenen Subjektiven Information in Verbindung zu bringen, gelingt den Einzelpersonen nicht auf die gleiche Weise und im gleichen Maße, weil die bereits vorhandene Subjektive Information, mit der sie vernetzt werden soll, in höchstem Maße heterogen ist. Jedes Subjektivieren verändert den Inhalt von Relativer Information. Subjektivieren ist eine mehrdeutige Zuordnung von Relativer zu Subjektiver Information. Die gesamte Klasse Relative Information wird durch Subjektivieren der Klasse Subjektive Information eindeutig zugeordnet.

3.3 Generelle Information: Intersubjektive Information der Allgemeinheit

Geldwerte, Zeitangaben, Maße, Gewichte, aber auch Fiktionen wie Menschenrechte oder die „Zehn Gebote" sind Intersubjektive Information, die sich nicht nur eine oder mehrere Gemeinschaften teilen, sondern die Allgemeinheit. Eine Allgemeine bzw. Generelle Information ist z.B. die äußere Gestalt unseres Planeten Erde:

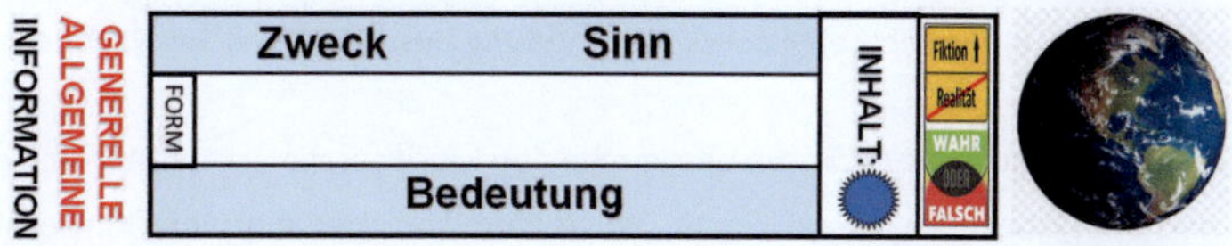

Unabhängig von der Form der Information ist der intersubjektive Inhalt generell: Er bezieht sich auf die Weltgemeinschaft. Solche Information findet man in vielen Archiven und Bibliotheken, insbesondere aber im Internet. Sie entsteht durch Generalisieren von Subjektiver oder Relativer Information:

Generalisieren von Subjektiver Information

Die Information einer Einzelperson wird zur Information der Allgemeinheit:

Eine Person bringt ihre eigene Information in die Allgemeinheit ein:

- Ein Musiker veröffentlicht seine Songs auf einer CD, die weltweit verkauft wird.
- Ein Werbefachmann startet eine weltweite Werbekampagne für eine politische Überzeugung oder für den Konsum eines speziellen Produktes.
- Ein Wissenschaftler publiziert seine neuen Erkenntnisse in einer weltweit verbreiteten Fachzeitschrift.
- Ein Foto-Reporter gibt seine Fotos an eine Zeitung, an das Fernsehen weiter oder stellt sie ins Internet.

Subjektive Information der Allgemeinheit zu vermitteln, gelingt nicht jeder Person auf gleiche Weise und in gleichem Maße aufgrund unterschiedlicher Rollen, unterschiedlicher Autorität. Jedes Generalisieren macht Subjektive Information abstrakter. Generalisieren verändert den Inhalt Subjektiver Information und ist eine eindeutige Zuordnung von Subjektiver Information zu Genereller Information bzw. der entsprechenden Klassen von Information.

Ihre Umkehrung:

Subjektivieren von Genereller Information

Die Information der Allgemeinheit wird Subjektive Information einer oder mehrerer Einzelpersonen:

- Ein Fernsehzuschauer sieht sich eine Nachrichtensendung an.
- Ein Musik-Liebhaber hört Klassische Musik.
- Eine einzelne Schülerin, ein einzelner Schüler lernt Mathematik oder Geografie.

Generelle Information mit der eigenen Subjektiven Information in Verbindung zu bringen, gelingt den Einzelpersonen nicht auf die gleiche Weise und im gleichen Maße, weil die bereits vorhandene Subjektive Information, mit der sie vernetzt werden soll, in höchstem Maße heterogen ist. Jedes Subjektivieren verändert den Inhalt Genereller Information und ist eine mehrdeutige Zuordnung von Genereller zu Subjektiver Information. Die gesamte Klasse Generelle Information wird durch Subjektivieren der Klasse Subjektive Information eindeutig zugeordnet.

Generalisieren von Relativer Information

Die Information einer Gemeinschaft wird Information der Allgemeinheit:

- Die Redaktion einer Fernseh-Nachrichtensendung bestimmt, welche Nachrichten gesendet werden.
- Einige wenige Musikproduzenten bestimmen den Musikgeschmack der Allgemeinheit.
- Wirtschaftssysteme einzelner Länder, Wirtschaftsstrategien einzelner Konzerne werden globalisiert.
- Wissenschaftliche Ergebnisse von Forschungsgruppen werden über Fachzeitschriften der Allgemeinheit zugänglich gemacht.
- Wissenschaft wird in Sachbüchern oder Fernsehsendungen popularisiert.

Jedes Generalisieren verändert den Inhalt Relativer Information und ist eine eindeutige Zuordnung von Relativer Information zu Genereller Information bzw. der entsprechenden Klassen von Information.

Ihre Umkehrung:

Relativieren von Genereller Information

Die Information der Allgemeinheit wird Information einer oder mehrerer Gemeinschaften:

- Fernsehzuschauer sehen sich in der Kneipe ein Spiel der Fußball-Weltmeisterschaft an.
- Ein Kunstverein besucht eine Ausstellung mit weltbekannten Kunstwerken.
- Eine Schulklasse lernt Mathematik oder Geografie.

Es ist jedem bewusst, dass Generelle Information zusammen mit anderen anders rezipiert wird als nur als Einzelperson.

Generelle Information mit der Relativen Information einer Gemeinschaft in Verbindung zu bringen, gelingt den Gemeinschaften nicht auf die gleiche Weise und im gleichen Maße, weil die bereits vorhandene Relative Information, mit der sie vernetzt werden soll, in höchstem Maße heterogen ist. Relativieren verändert Generelle Information unterschiedlich und ist deshalb eine mehrdeutige Zuordnung von Genereller Information zu Relativer Information. Die gesamte Klasse Generelle Information wird durch Relativieren der Klasse Relative Information eindeutig zugeordnet.

Generelle Information - wie z.B. die Weltnachrichten - kann zeitabhängig oder zeitlos sein wie mathematische Sachverhalte. Zeitlose Generelle Information nennt man Absolute Information:

Absolute Information und zeitabhängige Generelle Information

Nach menschlichem Ermessen kann man folgende Generelle Information als zeitlose, zeitunabhängige „Absolute“ Information ansehen:

- Die Erde ist (annähernd) eine Kugel, die sich um die eigene Achse dreht.
- Das Jahr hat (annähernd) 365 Tage, die Woche sieben Tage.
- Napoleon war der Name des ersten und letzten französischen Kaisers.

Zeitabhängige Generelle Information:

- In der Marktwirtschaft regeln Angebot und Nachfrage den Preis: Marktwirtschaft meint die gegenwärtige, aber nicht zeitlose Ausprägung dieser Wirtschaftsform.
- Schiller und Goethe waren bedeutende Dichter, Mozart und Verdi bedeutende Komponisten, Dürer und Michelangelo bedeutende Künstler, Pele und Nurmi bedeutende Sportler. Es ist aber durchaus vorstellbar, dass diese Namen mit der Zeit in Vergessenheit geraten und künftige Generationen zu einem anderen Urteil kommen.

Viel Alltags-, Schul- und Expertenwissen, viele Fähigkeiten und Fertigkeiten in Handwerk, Technik, Verwaltung, im Finanzwesen (Banken und Versicherungen), in Wirtschaft, Gastronomie und Tourismus, im Sozial- und Gesundheitswesen gelten weitgehend als Generelle, meist nicht als Absolute Information, weil sie in vielen Fällen einem laufenden Wandel unterworfen sind. Daraus entsteht das Bedürfnis nach Fortbildung und Weiterbildung, nach lebenslangem Lernen.

Wissenschaftliche Erkenntnis in Mathematik, Naturwissenschaften, Informatik und Technik, in Geistes-, Sozial-, Rechts- und Wirtschaftswissenschaften und in der Medizin schafft Generelle Information. Es wird zwischen „exakten“ bzw. „harten“ und „weichen“ Wissenschaften unterschieden, die dem Anspruch von Genereller und Absoluter Information in unterschiedlicher Weise gerecht werden:

Exakte Wissenschaften liefern oft quantitative, immer mathematisch oder formallogisch präzise Generelle Information, die nach strengen Methoden aus der konkreten, objektiven, allgemein zugänglichen Realität gewonnen und überprüft werden kann: Logik und Mathematik, in Teilen auch Informatik, Physik und Chemie, in Teilen auch Biologie. Man kann davon ausgehen, dass ein Großteil dieser Information zeitunabhängig ist.

„Weiche“ Wissenschaften liefern eher qualitative Generelle Information, auch über nicht konkrete, objektive Realität, weshalb diese nicht wie naturwissenschaftliche Erkenntnis überprüft, sondern „nur“ diskutiert werden kann. Sie stützen sich meist auf umfangreiche „Quellen“, die sorgfältig ermittelt, zitiert, interpretiert, vernetzt und unter Fachleuten diskutiert werden, wobei die Fachsprache als Medium von größter Wichtigkeit ist: Geisteswissenschaften wie Sprach- und Geschichtswissenschaft, Literaturwissenschaft und Rechtswissenschaften leben von ihren Quellen. Man kann davon ausgehen, dass ein Großteil dieser Information zeitabhängig ist.

Durch Experimente in Form von Tests und Anwendung statistischer Methoden schaffen sich ursprünglich „weiche“ Wissenschaften wie Sozialwissenschaften und Pädagogik eine konkrete, objektive Realität, dargestellt durch eine Fülle von Daten. So geben sie sich den Anschein, als empirische Wissenschaften näher an die exakten Wissenschaften heranzurücken. Die Auswahl der Probanden zielt auf repräsentative Stichproben und damit Generelle Information. Dabei ist z.B. bei Umfragen nicht gewährleistet, dass die gestellten Fragen nach bestem Wissen und Gewissen beantwortet werden. Wenn Generelle Information entsteht, so ist sie meist extrem zeitabhängig, so dass manche Studien bereits überholt sind, wenn sie methodisch sauber publiziert werden. Durch extreme und einseitige Betonung der Empirie, durch Vernachlässigung qualitativer Methoden nehmen diese Wissenschaften eine sehr fragwürdige Entwicklung.

Wie kann Wissenschaftliche Erkenntnis in den Naturwissenschaften zeitlos sein?

Wissenschaftliche Erkenntnis in den Naturwissenschaften wird mit der induktiven Methode in prinzipiell nachvollziehbaren Experimenten aus der Realität gewonnen, mit der deduktiven Methode geordnet und mit viel Mathematik in Teilen theoretisch bewiesen: Experimentalphysik und Theoretische Physik in ihrem „Zusammenspiel“ erzeugen viel Generelle und Absolute Information, ebenso Experimentelle und Theoretische Chemie, aber auch Biologie. Die Wiederholbarkeit eines Experiments aus der Vergangenheit in der Gegenwart weist in die Zukunft. So entsteht zeitlose und damit Absolute Information. Die Wiederholbarkeit wird dadurch ermöglicht, dass im Labor immer wieder die gleichen Versuchsbedingungen geschaffen werden können. Gerade darin unterscheidet sich das Naturwissenschaftliche vom Geisteswissenschaftlichen Experiment, so dass die Übertragung naturwissenschaftlicher Methoden auf Geisteswissenschaften fragwürdig bleibt.

Generelle zeitabhängige Information kann wechselseitig Absoluter zeitloser Information durch „Absolutieren“ und „Relativieren“, d.h. Bestätigen bzw. Widerlegen der Zeitunabhängigkeit, zugeordnet werden:

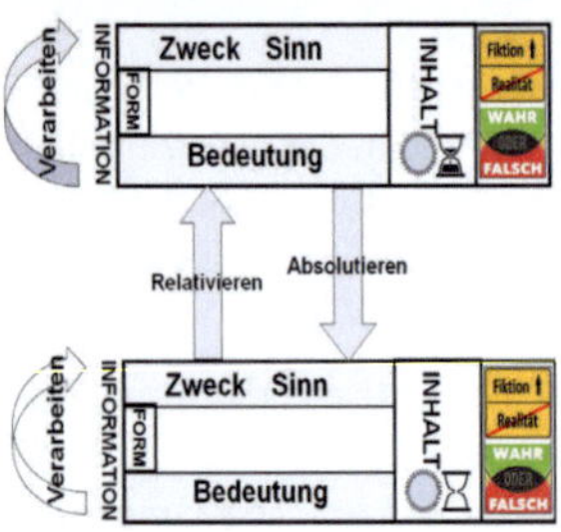

- Generelle zeitabhängige Information
- Absolute zeitlose Information

Absolute Information hat einen eigenen Wahrheitswert: Der Absolute Wahrheitswert hat den höchsten Stellenwert, höher noch als der Generelle Wahrheitswert, denn er ist zeitunabhängig. Die Wahrheitswerte bilden bzgl. ihres Stellenwerts eine Rangfolge:

Subjektiver Wahrheitswert → Relativer Wahrheitswert → Genereller Wahrheitswert → Absoluter Wahrheitswert.

3.4 Verarbeiten von Subjektiver und Intersubjektiver Information

Subjektive, Relative und Generelle Information werden unabhängig von der Form durch Interne oder Externe Informationsverarbeitung „klassentreu“ zu Subjektiver, Relativer und Genereller Information verarbeitet. Aber auch Relativieren, Generalisieren und Subjektivieren bedeuten Informationsverarbeitung:

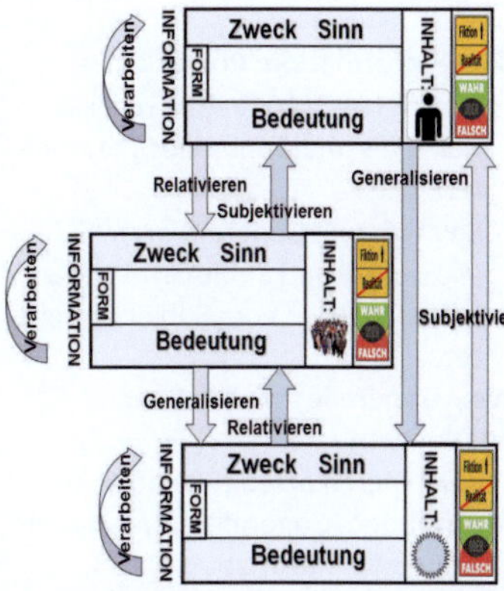

- Sechs „klassenfremde“ Zuordnungen:
  - Relativieren von Subjektiver Information
  - Generalisieren von Subjektiver Information
  - Subjektivieren von Relativer Information
  - Subjektivieren von Genereller Information
  - Relativieren von Genereller Information
  - Generalisieren von Relativer Information,
- Drei „klassentreue“ Zuordnungen: Verarbeiten von Subjektiver bzw. Relativer bzw. Genereller Information

Elementare und Zusammengesetzte Zuordnungen

Die Zuordnungen sind nicht voneinander unabhängig, z.B.:

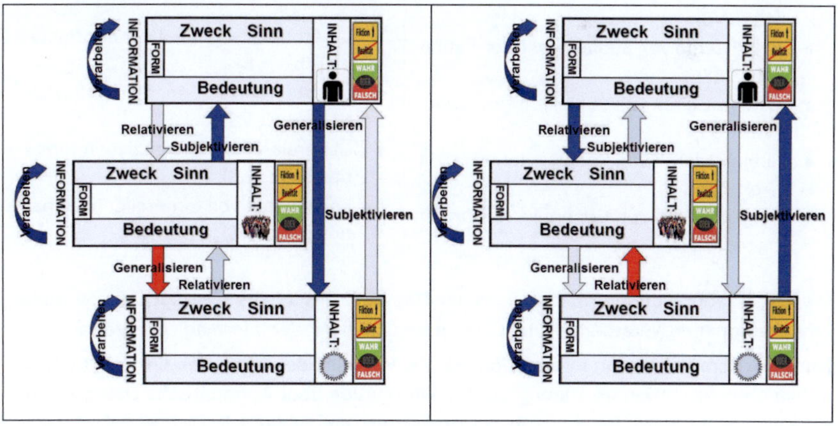

Generalisieren von Relativer Information und Relativieren von Genereller Information können als Verkettung von den anderen Zuordnungen zusammengesetzt werden.

Primäre Klasse: Subjektive Information
Sekundäre Klassen: Relative und Generelle Information

Jedes Verarbeiten von Information ist letztendlich Subjektives Verarbeiten, weil weder eine Gemeinschaft noch die Allgemeinheit, sondern nur einzelne Personen initiativ werden können. Auch Relativieren und Generalisieren sowie Generalisieren und Subjektivieren betreffen immer auch Subjektive Information:

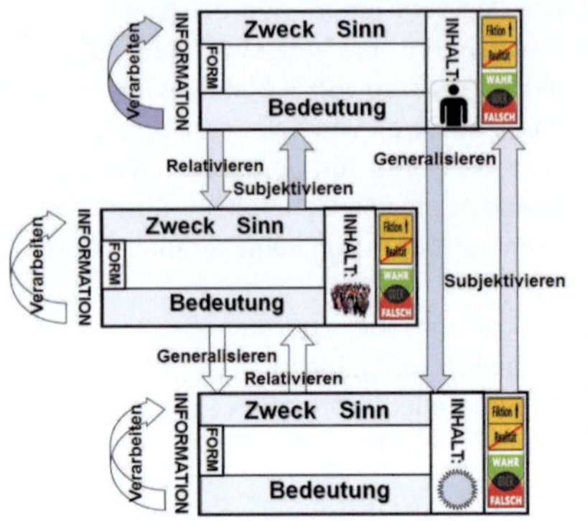

Subjektive Information: Primärklasse

- Subjektives Verarbeiten realisiert Relatives und Generelles Verarbeiten.
- Relativieren, Generalisieren, Subjektivieren und Subjektives Verarbeiten werden vom Subjekt geleistet.

Relative / Generelle Information: Sekundärklassen

- Relativieren erzeugt Relative Information, Generalisieren erzeugt Generelle Information.

Die Klassifikation Subjektive, Relative und Generelle Information besitzt damit neun Zuordnungen unterschiedlicher Bedeutung:

Elementare und zusammengesetzte Zuordnungen

Fünf Elementare Zuordnungen:	Vier Zusammengesetzte Zuordnungen:
• Verarbeiten von Subjektiver Information (Abk.: VS) • Relativieren von Subjektiver Information (Abk.: RS) • Generalisieren von Subjekt. Information (Abk.: GS) • Subjektivieren von Relativer Information (Abk.: SR) • Subjektivieren von Genereller Information (Abk.: SG)	• Verarbeiten von Relativer Information (Abk.: VR) • Verarbeiten von Genereller Information (Abk.: VG) • Generalisieren von Relativer Information (Abk.: GR) • Relativieren von Genereller Information (Abk.: RG)

Die Klassifikation von Information nach der Tragweite des Inhalts zeigt auch der Systematischen Informationsverarbeitung mit Computern und damit der Informatik Grenzen auf:

Nur beim Verarbeiten von Information (VS, VR, VG) kann der Computer eingesetzt werden, indem die Information als Datengestützte Information über Automatische Datenverarbeitung verarbeitet wird. Relativieren, Generalisieren und Subjektivieren bleibt der Internen Informationsverarbeitung im Gehirn vorbehalten und so eine Domäne des menschlichen Verstands. Dem Computer werden also im Umgang mit Information Grenzen aufgezeigt.

4. Fiktion und Information über die Realität

Information wird in besonderem Maße auch dadurch geprägt, ob sie nur „ausgedacht“ oder „erfunden“ ist wie im Gemälde von Kandinsky bzw., ob sie wahr (oder falsch) ist wie das Foto des Atombomben-Pilzes von Hiroshima:

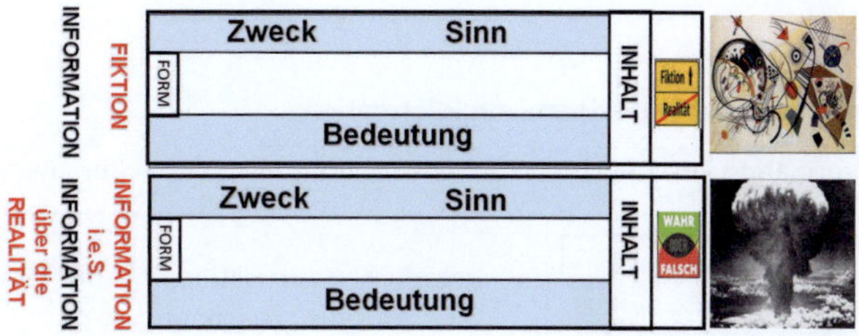

4.1 Fiktion: Information mit und ohne Bezug zur Realität

Fingierte Personen, fingierte Dinge und fingiertes Geschehen existieren nur in der Vorstellung, nicht in der Realität (fingere (lat.): ausdenken, ersinnen, erdichten). Sie entstehen bewusst oder unbewusst beim Abstrahieren, Verarbeiten und Vernetzen von Persönlicher Information, wenn der Geist des Menschen über die Realität hinausgreift, wozu er offensichtlich in der Lage ist. Fiktionen sind weder wahr noch falsch und können gerade deshalb „ideelle Wahrheit“ z.B. über das Schöne - Kunst und Musik - und das Gute – Literatur – beinhalten. Ohne Festlegung der Form hat Fiktion folgende Struktur:

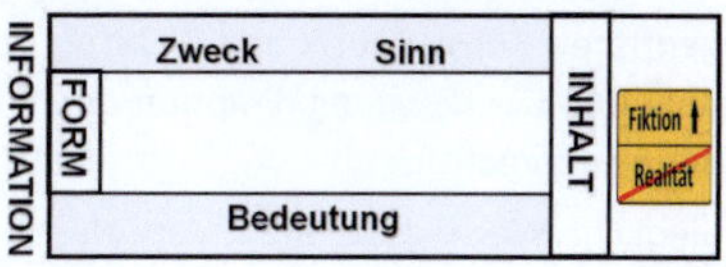

4.2 Information i.e.S.: Wahre oder falsche Information über die Realität

Es gibt Information über die Realität als deren Abbild in Hülle und Fülle und in jeder Form, z.B. über das Wetter, den Straßenverkehr, die Wohnverhältnisse oder im Supermarkt. Sie ist wahr oder falsch und wird im Gegensatz zu Fiktion als Information i.e.S. bezeichnet:

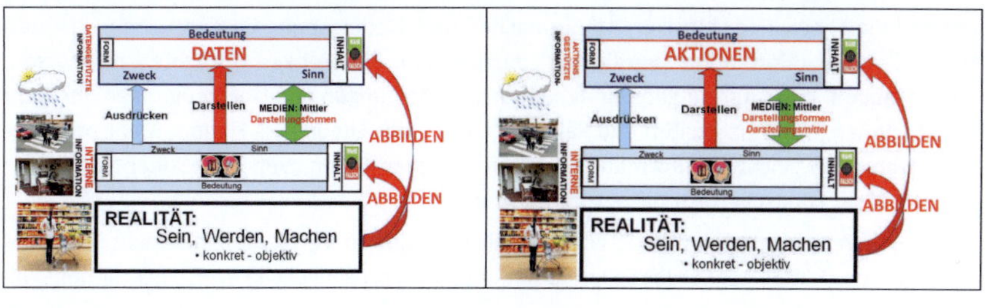

Ohne Festlegung der Form hat Information i.e.S. folgende Struktur:

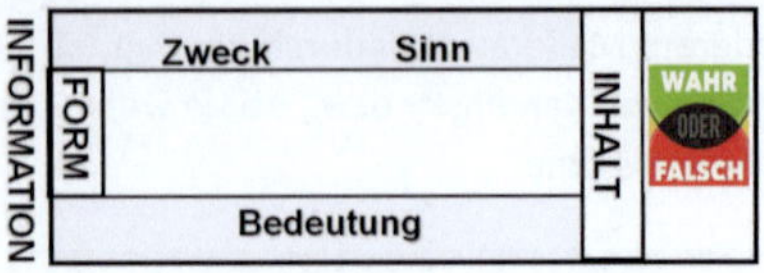

4.3 Verdichten und Verifizieren von Information

Fiktion und Information i.e.S. wird verarbeitet bzw. untereinander in Beziehung gesetzt:

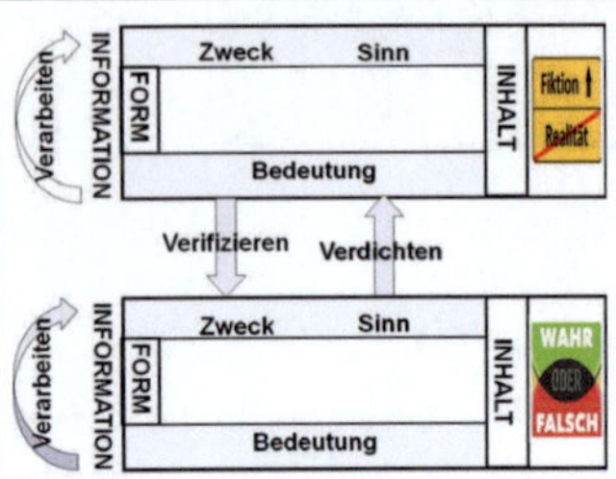

- Verarbeiten von Fiktion bzw. Information i.e.S. als „klassentreue" Zuordnungen
- Verdichten von Information i.e.S. bzw. Verifizieren von Fiktion als Zuordnungen zwischen verschiedenen Klassen

Verifizieren einer Fiktion

Viele Fiktionen bleiben immer Fiktionen: in Kunst, Musik und Literatur, Hirngespinste. Manche Theorie, manche „verrückte Idee" erweist sich aber als wahr bzw. richtig oder als falsch, nachdem sie auf mögliche Wahrheit überprüft worden ist:

Eine bestimmte Fiktion wird mit Information i.e.S. in Verbindung gebracht, in Beziehung gesetzt, Information i.e.S. zugeordnet. Kunst, Musik und Dichtung wird Wissen, Glaube, Erfahrung und Erkenntnis, Meinung und Überzeugung, Emotion und Intention zugeordnet. Theorie wird mit Praxis in Verbindung gebracht.

Das kann auf ganz unterschiedliche Weise geschehen: Verifizieren beruht auf Kreativität und entspringt der schöpferischen Freiheit, weil die Zielrichtung nicht vorgegeben ist. Die Fiktion kann in verschiedener Hinsicht mehr oder weniger wahrer Information entsprechen. Jedes Verifizieren verändert die Fiktion und ist eine meist mehrdeutige Zuordnung von Fiktionen zu Information i.e.S. Die gesamte Klasse Fiktion wird durch Verifizieren der Klasse Information i.e.S. eindeutig zugeordnet.

Verdichten einer Information i.e.S.

Viele Dichter versuchen wahre Informationen zu „verdichten" als Parabel, als Gleichnis, als Fiktion. Viele Künstler, Musiker, Liedermacher und Liedersänger beanspruchen, in ihren Werken wahre Information „verdichtet" darzustellen. Theoretiker verdichten ihr Wissen, ihren Glauben, ihre Erfahrungen und Erkenntnisse, Meinungen und Überzeugungen, ihr fachliches Können, ihre Fertigkeiten und Fähigkeiten zu einer Theorie als Fiktion. Mehr oder weniger wahre bzw. richtige Information kann in manchen Fällen „verrückte Ideen" produzieren. Witze sind meist verdichtete wahre Information.

Eine bestimmte Information i.e.S. wird mit einer Fiktion in Verbindung gebracht, in Beziehung gesetzt, Fiktion zugeordnet. Das kann auf ganz unterschiedliche Weise geschehen: Fiktionen beruhen auf Kreativität und entspringen der schöpferischen Freiheit. Jedes Verdichten verändert die Information i.e.S. und ist eine meist mehrdeutige Zuordnung von Information i.e.S. zu Fiktionen. Die gesamte Klasse Information i.e.S. wird durch Verdichten der Klasse Fiktion eindeutig zugeordnet.

Verarbeiten einer Information i.e.S.

Wissen und Glaube, Erfahrungen und Erkenntnisse, Meinungen und Überzeugungen, Können, Fertigkeiten und Fähigkeiten von Einzelnen, Gemeinschaften oder Allen, „im Kopf" oder ausgedrückt, bringen neue Information i.e.S. hervor, z.B. durch individuelles Denken oder Automatisierte Informationsverarbeitung. Information i.e.S. geht von einer Person auf eine andere über. Akkommodieren und Assimilieren passen Information i.e.S. geeignet an.

Eine bestimmte Information i.e.S. wird mit einer anderen Information i.e.S. in Verbindung gebracht, in Beziehung gesetzt. Das kann auf ganz unterschiedliche Weise geschehen: Informationsverarbeitung, vor allem durch Denken, beruht auf Kreativität und entspringt der schöpferischen Freiheit, weil die Zielrichtung nicht vorgegeben ist. Jedes Verarbeiten verändert die Information und ist eine meist mehrdeutige Zuordnung von Information i.e.S. zu Information i.e.S.. Die gesamte Klasse Information i.e.S. wird durch Verarbeiten sich selbst eindeutig zugeordnet.

Verarbeiten einer Fiktion

Viele literarischen Fiktionen sind zu musikalischen und künstlerischen Fiktionen verarbeitet worden. Theorien, „Verrückte Ideen" und Hirngespinste provozieren neue Theorien, neue „Verrückte Ideen", neue Hirngespinste. Fiktionen gehen von einer Person auf eine andere über. Akkommodieren und Assimilieren passen Fiktionen einander an: Fiktionen werden einander zugeordnet. Eine bestimmte Fiktion wird mit einer anderen Fiktion in Verbindung gebracht, in Beziehung gesetzt, Fiktion zugeordnet. Das kann auf ganz unterschiedliche Weise geschehen: Fiktionen beruhen auf Kreativität und entspringen der schöpferischen Freiheit. Jedes Verarbeiten verändert die Fiktion und ist eine meist mehrdeutige Zuordnung von Fiktion zu Fiktion. Die gesamte Klasse Fiktion wird durch Verarbeiten sich selbst eindeutig zugeordnet.

Elementare und Zusammengesetzte Zuordnungen

Fiktionen werden zumindest in Computern wie Information i.e.S. verarbeitet: Man behandelt sie oberflächlich wie wahre oder falsche Information, als ob sie verifiziert und nachträglich verdichtet wären:

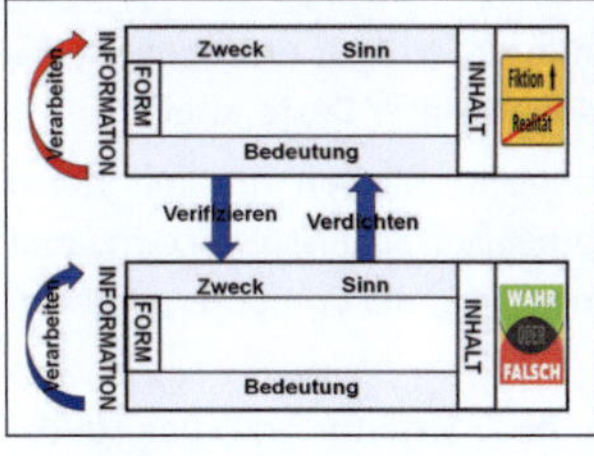

Information i.e.S. ist die vorrangige Klasse, die Primärklasse, Fiktionen bilden die nachrangige Klasse, die Sekundärklasse.

Verarbeiten von Fiktion ist eine „Zusammengesetzte Zuordnung".

Verarbeiten von Information i.e.S., Verifizieren und Verdichten sind „Elementare Zuordnungen".

Nur beim Verarbeiten kann der Computer eingesetzt werden, indem die Fiktion bzw. die Information i.e.S. als Datengestützte Information über Automatische Datenverarbeitung verarbeitet wird. Verifizieren und Verdichten bleibt der Internen Informationsverarbeitung im Gehirn vorbehalten und so eine Domäne des menschlichen Verstands. Dem Computer werden also im Umgang mit Information Grenzen aufgezeigt.

5. Medien als Information

In der herkömmlichen Informatik ohne Externe Information sind Medien ausschließlich Datenträger wie Festplatte, DVD, USB-Stick, Lichtwellenleiter oder digitale Kommunikationsmittel wie Internet und Soziale Medien. Welche Bedeutung, welcher Sinn und Zweck Medien als Darstellungsformen von Externer Information in der Informatik zukommt, wird deutlich, wenn sie scheinbar fehlen:

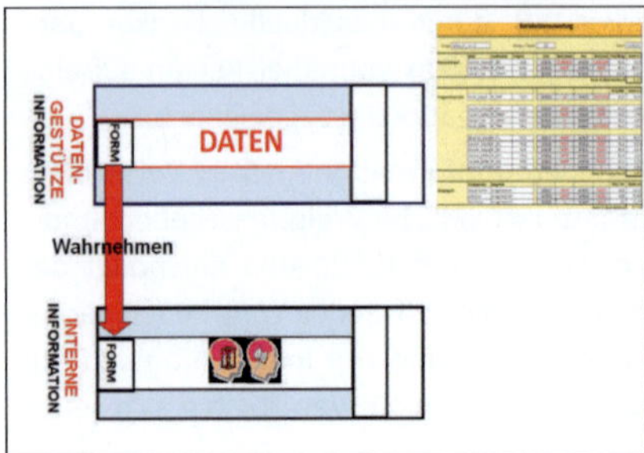

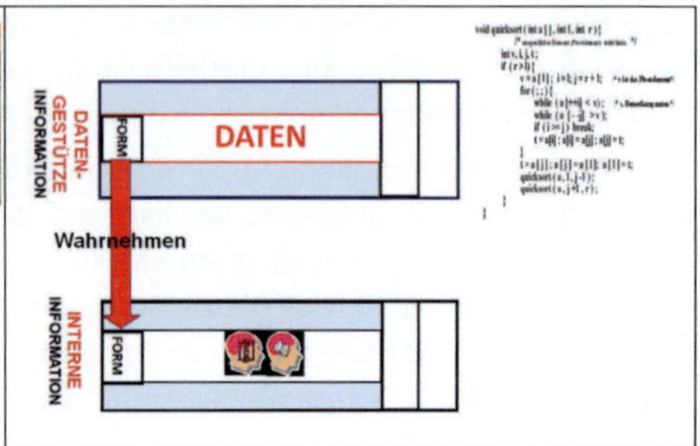

(1)

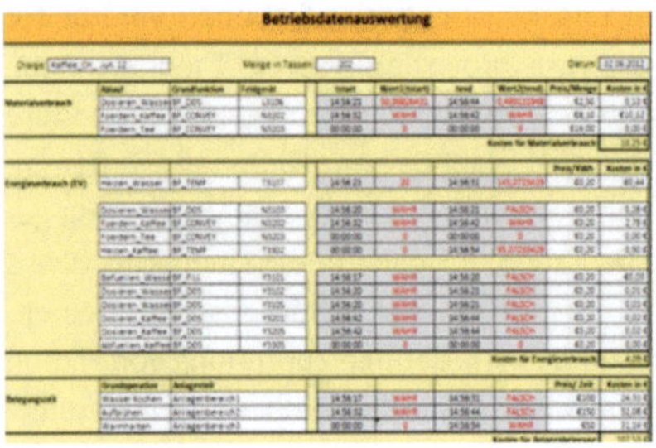

(2)

```
void quicksort ( int a [ ], int l, int r ){
        /* ausgewähltes Element (Pivotelement) steht links. */
    int v, i, j, t;
    if ( r > l) {
        v = a [ l ] ; i = l; j = r + 1;     /* v ist das Pivotelement */
        for ( ; ; ) {
            while ( a [++i] < v) ;     /* s. Bemerkung unten */
            while ( a [ --j] > v );
            if ( i >= j ) break;
            t = a[i] ; a[i] = a[j] ; a[j] = t;
        }
        t = a [ j ] ; a [ j ] = a [ l ]; a [ l ] = t;
        quicksort ( a , l , j -1 );
        quicksort ( a , j +1 , r );
    }
}
```

Die Struktur der Daten verweist auf das Medium:

(1) Zeilen und Spalten bilden eine Tabelle: Gleichartige Zahlen und erläuternde Texte sind zu unterschiedlichen Spalten zusammengefasst und aneinandergereiht.

In ihrer Zusammenstellung, in ihren Beziehungen, in ihrer Struktur erzeugen sie die Bedeutung, den Sinn und Zweck der gesamten Tabelle und ihrer Bestandteile.

(2) Es handelt sich um einen in Zeilen gegliederten formalsprachlichen Text mit vielen mathematischen Zeichen, Ausdrücken und englischsprachigen Schlüsselwörtern, aber auch Kommentaren, wie er zum Darstellen von Algorithmen als Computerprogramme verwendet wird.

In ihrer Zusammenstellung, in ihren Beziehungen, in ihrer Struktur erzeugen sie die Bedeutung, den Sinn und Zweck des gesamten Textes und seiner Bestandteile.

Wird die Struktur der Daten nicht erkannt, können die Daten nicht interpretiert, die Datengestützte Information kann nicht verstanden werden. Es fehlt der Schlüssel zum Interpretieren der Daten bzw. zum Verständnis der Information.

Wenn sich in der Tabelle oder im Programmtext nur ein einziger Fehler im Hinblick auf die Struktur der Daten befindet, können sowohl Mensch wie auch Computer die Daten nicht korrekt interpretieren. Der Mensch kann sinnvoll korrigieren, der Computer reagiert mit einer Fehlermeldung und kann seine Arbeit nicht fortsetzen.

Medien als Darstellungsformen von Externer Information für Mensch und Computer sind Schlüssel für das Strukturieren und Interpretieren der Daten.

Für Menschen ist Sprache das „Ur-Medium“ zur Darstellung ihrer Internen Information. Die Fähigkeit, sich mündlich auszudrücken, ist im Menschen bereits bei seiner Geburt angelegt. Computer sind wesensmäßig mit Binärer Informationsdarstellung bzw. Binär-Code als ihrem „Ur-Medium“ untrennbar verbunden.

5.1 Analoge und Digitale Medien

Daten weisen unterschiedliche Form, unterschiedlichen Aufbau, unterschiedliche Gliederung, unterschiedliche Struktur auf:

	Die Zeiger des Wegweisers, die Ausrichtung und Neigung des Windsacks entsprechen in natürlicher Weise der Fahrt- und Windrichtung bzw. der Windstärke. Gemälde und Ortsplan, Einzelbilder der filmartigen Darstellung eines Weitsprungs entsprechen in verkleinerter Form in etwa der Realität. **Wie die Realität sind die Daten räumlich zusammenhängend, kontinuierlich, stetig.**
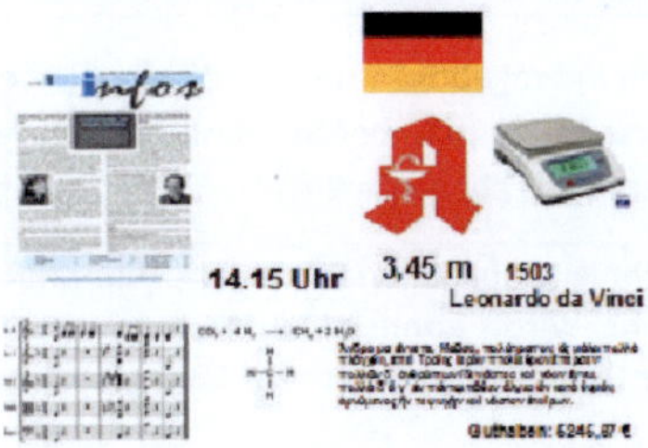	Die Daten sind aus klar unterscheidbaren, künstlichen „Zeichen“ zusammengesetzt: Farben und Medizin-Symbole (Giftkelch, Schlange), Noten, vor allem aber Buchstaben und Ziffern. Sie sind meist in Zeichenketten bzw. Zeilen aufgereiht: **Die Daten sind meist nicht zusammenhängend, sondern eher „zerhackt“: voneinander durch Lücken getrennt.**

Analoge Medien sind Darstellungsformen, die Information mit analogen Daten darstellen:

Die Daten entsprechen weitgehend der Wirklichkeit: zusammenhängend, kontinuierlich, stetig. „Die Natur macht keine Sprünge!“ (Aristoteles, Thomas v. Aquin, Leibniz, Kant, Newton). Analog dargestellte Information ist weitgehend „selbstverständlich“: Analoge Datenstrukturen wirken anschaulich, weil sie leicht interpretiert und verstanden werden.

Digitale Medien sind Darstellungsformen, die Information mit digitalen Daten darstellen:

Die Daten werden aus „künstlichen“ Zeichen ohne erkennbare Entsprechung zur Wirklichkeit linear zusammengesetzt (linea (lat.): Schnur). Zwischen den Zeichen befinden sich meist Lücken. So können die Zeichen auseinandergehalten und unterschieden werden: Sie sind diskret (discernere (lat.): absondern, trennen, scheiden). Es sind immer dieselben Zeichen, sie wiederholen sich laufend, da der Zeichenvorrat auf endlich viele Zeichen begrenzt ist.

Ihr Wesen beschränkt sich darauf, dass sie wie Zeiger auf etwas verweisen. Als Dinge aus der konkreten, objektiven Realität stehen sie für etwas. Einerseits können sie äußerlich und inhaltlich willkürlich festgelegt werden, andererseits können sie nur über entsprechende Vereinbarungen und Gewohnheiten im Gebrauch wirken.

Digital dargestellte Information ist keinesfalls selbstverständlich, aber dafür platz- und zeitsparend, ökonomisch im Hinblick auf die Speicherung und Übertragung der Daten. Weil Digitale Daten automatisch verarbeitet werden können, wird automatisierte Informationsverarbeitung möglich. Digitale Datenstrukturen zu interpretieren und zu verstehen, muss mühsam gelernt werden.

Bits als Binäre digitale Daten mit „Informationsgehalt“

Das einfachste digitale Zeichen ist ein Feld, das „schwarz“ oder „weiß“ bzw. „angekreuzt“ oder „nicht angekreuzt“ ist. Es wird „zweiwertig“, „binär“ ausgefüllt (binus (lat.): doppelt, zweifach) und heißt „Bit“:

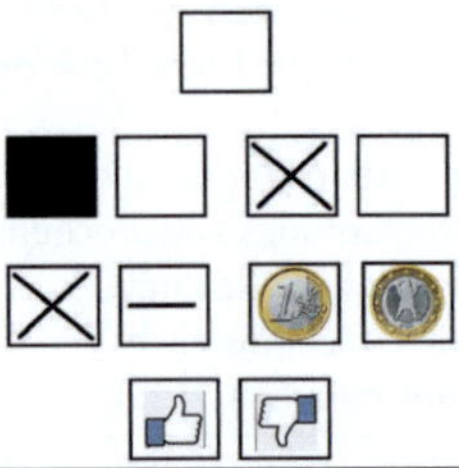	• „Bit“ als „Platzhalter“ für zwei Zeichen • Entscheidend sind nicht die Details, wie das Feld ausgefüllt wird, sondern, dass klar erkennbar ist, welches der beiden zulässigen Zeichen gemeint ist. Auch der Daumenfinger (lat.: digitus pollex) kann durch seine Stellung die Zweiwertigkeit des BIT („BInary digiT“) darstellen.

Einzelne, oft mehrere Bits zum Ankreuzen finden sich in Fragebögen und Formularen. Aber auch jeder Schalter, jedes elektronische Flipflop, jede Taste, jede berührungsempfindliche Fläche und jedes schaltbare Licht u.v.a.m. konkretisieren das abstrakte Bit:

Weil das Bit in der Informatik und Informationstechnik „substratunabhängig“, d.h. unabhängig vom Material als Trägersubstanz, gedacht wird, können laufend neue Bit-Technologien entwickelt werden, ohne dass wesentliche Änderungen am Gesamtgefüge vorgenommen werden müssen.
Die beiden Zeichen werden deshalb als abstrakte „Null (0)“ und „Eins (1)“, d.h. ohne inhaltliche Bedeutung dargestellt.

In Informatik und Informationstechnik wird aus der mathematischen Informationstheorie ein Maß für den „Informationsgehalt“ eines Bits übernommen, dessen Maßeinheit [bit] ist:

Das Ausfüllen eines einzelnen Bits ist „informativ“: Vor dem Ausfüllen besteht Unsicherheit, nach dem Ausfüllen Sicherheit, weil die Unbestimmtheit des Bits aufgehoben wird.

Diese Unbestimmtheit ist

- weniger groß, wenn die beiden Zeichen mit sehr unterschiedlicher Häufigkeit auftreten, z.B. 99% und 1%: Die beiden Zeichen haben einen sehr unterschiedlichen „Erwartungswert". Die „Überraschung" ist nicht sehr groß, wenn das häufig auftretende Zeichen auftritt. Das andere überraschende Zeichen kommt seltener vor und trägt so insgesamt wenig zur Unbestimmtheit bei.
- am größten, wenn beide Zeichen mit gleicher Häufigkeit 50% auftreten.

Je kleiner die „Überraschung", die Unbestimmtheit eines Bits, desto leichter ist es vorherzusagen, welches Zeichen das Bit trägt, desto weniger „informativ" ist das Bit, desto kleiner sein „Informationsgehalt":

In der mathematischen Informationstheorie wird seit den 40er Jahren des 20.Jahrhunderts ein Maß für die Unbestimmtheit bzw. den Informationsgehalt eines Bits definiert, das den maximalen Wert 1[bit] erreicht, wenn die beiden Zeichen gleichverteilt sind:

- 75% / 25% : 0,881 [bit] 90% / 10% : 0,469 [bit] 99% / 1% : 0,081 [bit]
- **50% / 50% : 1,000 [bit] 100% / 0% : 0 [bit]**

Bei einseitiger Häufigkeitsverteilung der Zeichen, bei stärker differenziertem Auftreten der Bits sinkt die Unbestimmtheit, die Information des Bits, bis zum Grenzwert 0 [bit].

Ausgehend von C. Shannon (1916-2001) wird der Informationsgehalt S eines Bits auf der Grundlage der Häufigkeit h der beiden Zeichen mit Logarithmen berechnet: $$\mathbf{S := -(h_1 * {}^2\log h_1 + h_2 * {}^2\log h_2) \ [bit]}$$

Der Wert von S liegt wie gewünscht zwischen 0 und 1:

- **Ein Bit besitzt den maximalen Informationsgehalt 1 [bit] dann und nur dann, wenn die beiden Zeichen 0 und 1 mit gleicher Häufigkeit auftreten.**
- **Ein Bit „trägt" den minimalen Informationsgehalt 0 [bit] dann und nur dann, wenn nur eines der beiden Zeichen auftritt.**

Der Informationsgehalt eines Bits sagt

- nichts über Bedeutung, Sinn und Zweck der Digitalen Information, die durch das Bit dargestellt wird,
- wenig über deren Form: Nur etwas über die Häufigkeit der beiden Zeichen, nichts über deren äußerlichen Unterschiede.

Bits als Einheiten von Binären Daten mit Informationsgehalt

Binäre Daten treten nur selten als einzelnes Bit in Erscheinung, sondern fast immer als Bit-Muster, z.B. als „Bit-Kette":

Bit-Kette, Bit und [bit]
Eine n-Bit-Kette besitzt nur dann den maximalen Informationsgehalt n [bit], wenn alle Bits unabhängig voneinander sind und die beiden Zeichen 0 und 1 in jedem Bit gleich häufig auftreten.

Der Informationsgehalt einer Bit-Kette sagt

- nichts über Bedeutung, Sinn und Zweck der Digitalen Information, die durch die Bit-Kette dargestellt wird,
- wenig über deren Form: Nur etwas über die Häufigkeit der möglichen Zeichenketten, nichts über die Struktur der Zeichenketten bzw. deren Muster, die als Binäre Daten die Digitale Information darstellen.

Bit-Ketten und Zeichenketten

Bit-Ketten besitzen 4, 8, 16, 32, 64 ... unterschiedliche Zeichenketten,
z.B. das

- Bit-Paar: 00, 01, 10, 11 mit max. Informationsgehalt 4 * (-¼ * ^{2}log (¼)) [bit] = 2 [bit]
- Bit-Tripel: 000, 001, 010, 011, 100, 101, 110, 111 mit max. Informationsgehalt 8*(-1/8 * ^{2}log (1/8)) [bit] = 3 [bit]
- Tetrade: 0000,0001,0010,0011,0100,0101,0110,0111,1000,1001,1010,1011,1100, 1101,1110,1111 mit max. Informationsgehalt 16*(-1/16 * ^{2}log (1/16)) [bit] = 4 [bit]
- Byte: 8-Bit-Kette mit maximaler Information 2^8 * (- 1/2^8 * ^{2}log (1/2^8)) [bit] = 8 [bit]

Weder die Anordnung, noch die Häufigkeit der beiden binären Einzelzeichen innerhalb der Zeichenkette, sondern nur die Häufigkeiten der verschiedenen gesamten Zeichenketten sagt etwas über den Informationsgehalt einer Bit-Kette.

Bit-Ketten sind nicht die einzigen Bit-Muster zur Darstellung Digitaler Information:

Binäre Daten als Bit-Muster und Byte-Muster:
Datenmengen mit unterschiedlichem Informationsgehalt

Bit-Ketten sind eindimensionale, lineare Bit-Muster, wobei jedes Bit höchstens zwei Nachbarn besitzt. Man kennt Muster schlechthin eher zweidimensional von Textil-Mustern oder Ornamenten in der Kunst. Entsprechend gibt es flächenhafte Bit-Muster auf S-W-Displays oder als SW-Drucker-Bilder z.B. bei Kassenbons, wobei jedes Bit mit mehr als zwei Nachbarn Kontraste und damit mehr optische Struktur erzeugen kann als lineare Bit-Strukturen:

HD-Displays von Smartphones besitzen etwa eine Million Bildpunkte als Bildelemente (Pixel). Nur in SW-Technik entspräche jeder Pixel einem Bit und damit jedes Bild einem Bit-Muster mit einer Datenmenge 1 [MBit]. Diese Datenmenge besitzt nur dann 1 [Mbit] Informationsgehalt, wenn die beiden binären Zeichen in jedem Bit gleichverteilt sind, sonst möglicherweise deutlich weniger, insbesondere wenn einzelne Bits nicht unabhängig voneinander sind:

Datenmenge, [Bit] und [bit]
Binäre Daten als Bit-Muster mit einer Datenmenge von n [Bit] besitzen nur dann den maximalen Informationsgehalt n [bit], wenn alle Bits unabhängig voneinander sind und die beiden Zeichen 0 und 1 in jedem Bit gleich häufig auftreten.

Das Display möge gerade insgesamt nur eine große schwarze Null anzeigen, sonst nichts:

Wenn der Nutzer die Binären Daten als abstrakte Ziffer wahrnimmt, interpretiert und versteht, hat er die mit der Datenmenge 1[MBit] dargestellte Bildschirm-Information als Bitmuster erkannt, das auch mit einer Datenmenge 4[Bit] dargestellt werden könnte: Mit 4 Bits kann man 2^4= 16 4-Bit-Zeichenketten bilden. Zehn beliebig ausgewählte 4-Bit-Zeichenketten können die zehn Ziffern von Null bis Neun darstellen. So hat der Benutzer eine „Datenreduktion", eine Verkleinerung der Datenmenge von 1[MBit] auf 4[Bit] erreicht.

Zeigt das Display im weiteren Verlauf entsprechend nur Einsen und Nullen, entsteht eine weitere Datenreduktion auf 1[Bit]. Nur wenn diese Nullen und Einsen gleichverteilt sind, erreicht ihr Informationsgehalt das Maximum 1 [bit]. Treten aber im Wechsel alle zehn Ziffern gleichhäufig auf, ist der Informationsgehalt der Datenmenge 4 [Bit] genau 4 [bit].

Binäre Daten wahrnehmen, interpretieren und verstehen beruht auf Datenreduktion, d.h. Verkleinerung der Datenmenge

Abstrakte Persönliche Information beansprucht im Gedächtnis weniger Datenmenge. Deshalb ist Abstraktion für Persönliche Information unverzichtbar.

Das gilt auch für Farbbilder und Text-Information:

Farbpixel entstehen z.B. durch Mischung der drei Farben Rot, Grün, Blau in jeweils 256 (=2^8) Helligkeitsstufen zu $(2^8)^3$ bzw. etwa 18,8 Millionen Farben:

Jede Helligkeitsstufe wird durch die Datenmenge 1 [Byte] = 8 [Bit] dargestellt. Nur im Falle der Gleichverteilung aller Helligkeitsstufen hat die Datenmenge 1 [Byte] den maximalen Informationsgehalt 1 [byte] = 8 [bit]. Jedes Farbpixel beansprucht bei seiner Binären Darstellung eine Datenmenge 3 [Byte] mit maximalem Informationsgehalt 3 [byte], wenn alle Farben immer gleichhäufig verwendet werden. Somit ist jedes Farbbild auf dem HD-Display ein 3-Byte-Muster. Im Beispiel der obigen Wahrnehmung von großen Ziffern auf einem Farbdisplay eines Smartphones würden Binäre Daten im Umfang von 3 [MByte] mit einem Informationsgehalt von maximal 3 [Mbyte] (bei Gleichverteilung der Farben) auf die Datenmenge 4 [Bit] mit maximalem Informationsgehalt 4 [bit] bei Gleichverteilung der Ziffern reduziert. Die Datenreduktion für ein Farbbild ist offensichtlich um ein Vielfaches höher als beim entsprechenden SW-Bild, weil die Farben bei der Wahrnehmung und Interpretation einer abstrakten und deshalb farblosen Ziffer nur ablenken.

Zeichenketten (engl.: string) aus Buchstaben, Ziffern und Sonderzeichen und Texte sind im Unterschied zu Bildern wiederum lineare Datenstrukturen. Weil mehr als 128 = 2^7 und weniger als 256 = 2^8 Zeichen verwendet werden, beträgt die Datenmenge eines Zeichens 8 [Bit] = 1 [Byte] mit maximalem Informationsinhalt eines Zeichens bei Gleichverteilung der Zeichen 8 [bit] = 1 [byte]. Zeichenketten bzw. Texte sind dann Byte-Muster aus N Zeichen (N>1) mit einer Datenmenge von N [Byte] mit einem Informationsgehalt von höchstens N [byte], denn die Zeichen innerhalb einer Zeichenkette bzw. Textes sind nie gleichverteilt. Bei extremer Ungleichverteilung besitzen Binäre Daten mit einer Datenmenge von N [Byte] deutlich weniger Informationsgehalt als N[byte]:

Datenmenge, Byte und [byte]
Binäre Daten als Datenmenge von N [Byte] besitzen nur dann den maximalen Informationsgehalt N [byte], wenn alle Bytes unabhängig voneinander sind und gleich häufig auftreten.

Die Quantifizierung von Binären Daten als Datenmenge mit einem bestimmten Informationsgehalt, dem Shannon'schen Informationsmaß, ist sehr aufschlussreich, aber im Fall ungleicher Häufigkeit aufwändig, weil immer erst alle einzelnen Häufigkeiten ermittelt werden müssen. In vielen Fällen ist aber die Annahme der Gleichverteilung der Zeichen hinreichend gut erfüllt, so dass man sich mit der Datenmenge begnügen kann. Bei der Datenreduktion fällt der Unterschied zwischen Informationsmaß und Datenmenge sowieso nicht ins Gewicht. Nur im Zusammenhang mit der Übertragung von Daten in der Nachrichtentechnik, nicht bei deren Speicherung und Verarbeitung, spielt der Informationsgehalt als Informationsmaß für eine Nachricht eine größere Rolle. Deshalb beschränkt man sich zur Quantifizierung von Binären Daten auf die Datenmenge, gemessen in [Bit] oder [Byte] bzw. deren Vielfachen [KBit], [MBit] bzw. [KByte] = [KB] bzw. [MByte] = [MB].

Verallgemeinerung von Binären Daten: Digitale Daten

Digitale Daten – z.B. einer Buchstabenschrift –

- bestehen aus „künstlichen" Zeichen ohne erkennbare „Entsprechung" zur Realität,
- sind nicht zusammenhängend, nicht kontinuierlich, sondern diskret,
- werden aneinandergereiht.

Zeichen stehen nicht für sich, sondern zeigen, verweisen auf etwas Anderes, stehen für etwas anderes, für das Bezeichnete: „Aliquid stat pro aliquo" (lat.) wird als Grundsatz für das Verständnis von Zeichen als „Zeiger" bis auf Aristoteles zurückgeführt.

Zeichen sind deshalb

- arbiträr: willkürlich,
- konventionell: Sie beruhen auf Übereinkünften,
- situations- und kontextbezogen.

Der Zeichenvorrat ist eindeutig festgelegt, begrenzt, endlich: mit den Fingern abzählbar, digital. Die Zeichen werden wie auf einer Schnur von links nach rechts, Zeichen für Zeichen, zu Zeichenketten aneinandergereiht.

Binäre Daten sind Digitale Daten mit 2 Zeichen
Digitale Daten können zu Binären Daten codiert werden:

Das gebräuchliche lateinische Alphabet umfasst seit der Renaissance 26 Buchstaben, mit Groß- und Kleinschreibung 52 Zeichen. Jeder Text in dieser Buchstabenschrift kann mit einer Tastatur binär codiert werden:

Natürlicher Binär-Code

Die 52 Zeichen können „gedanklich" auf einer linearen Tastatur mit 52 Tasten angebracht werden. Das Drücken einer einzigen Taste erzeugt automatisch eine 52-Bit-Kette mit 51 Nullen und einer Eins bei der gedrückten Taste. Ein Text mit 100 Zeichen erzeugt so eine (100x52) - Bit-Kette.

„Leibniz-Code"

Die langen Bit-Ketten mit fast lauter Nullen können verkürzt werden, indem die 52 Tasten „nach Leibniz" im Dualsystem nummeriert werden:

0, 1, 10, 11, 100, 101, 110, 111, 1000, 1001, 1010, 1100, 1101, ……. , 110010, 110011.

Die Häufigkeit eines Buchstabens entspricht genau der Häufigkeit der entsprechenden Bit-Kette.

Das Drücken einer einzigen Taste erzeugt automatisch in

- jeweils 2 Fällen ein Bit und ein Bit-Paar,
- Fällen ein Bit-Tripel, in 8 Fällen eine 4-Bit-Kette,
- 16 Fällen eine 5-Bit-Kette und in den restlichen 20 Fällen eine 6-Bit-Kette.

Wird ein Text mit 100 Zeichen eingetippt, so entsteht eine Bit-Kette von maximal 100x6 Bits, also eine gegenüber der Bit-Kette des Natürlichen Binär-Codes auf den Bruchteil 6/52 bzw. 12% gekürzte Bit-Kette. Solche Bit-Ketten können aber aufgrund der uneinheitlichen Wortlänge nicht decodiert werden. In dieser Form ist der Binär-Code unbrauchbar.

Indem man durch Ergänzen mit Nullen die Wortlänge auf 6 vereinheitlicht, kann auch decodiert werden:

000000, 000001, 000010, 000011, 000100, 000101, 000110, 000111, 001000, 001001, 001010, 001100, 001101, 001110, 001111, 010000, 010001, ... , 011111, 100000, 100001, ... ,110010, 110011.

Die Bit-Ketten für die binäre 6-Bit-Darstellung werden dadurch nur unwesentlich länger und erreichen genau den bisherigen Maximalwert.

Man könnte zu den 52 Tasten noch weitere 12 Tasten mit anderen Zeichen hinzufügen, bis der Zeichenvorrat einer 6-Bit-darstellung mit $2^6 = 64$ Zeichen erschöpft ist.8, 16, 32, 64-Bit-Darstellungen ermöglichen $2^8 = 256$, 2^{16}, 2^{32}, 2^{64} verschiedene Bit-Ketten für größere Zeichenvorräte mit nicht mehr als $2^8 = 256$, 2^{16}, 2^{32}, 2^{64} verschiedenen Zeichen, die auch Alphabete genannt werden:

Zum Binären Codieren eines Alphabets mit n Zeichen (n>1)
werden Bit-Ketten der Länge [^{2}log (n)] gebraucht,
wobei [...] Aufrunden bedeutet.

Der in der Informatik und Informationstechnik vielverwendete ASCII-Code ist ein 8-Bit-Code und verschlüsselt maximal $2^8 = 256$ Zeichen mit einem Byte.

5.2 Digitalisierte Medien für Computerbasierte Information

Analoge Medien wie Bild und Ton werden heutzutage im großen Umfang digitalisiert: Die Daten werden mit Scannern gerastert - d.h. „künstlich“ zerstückelt - und so „diskretisiert“. Die „Bruchstücke“ werden gemessen bzw. „quantisiert“. Sie bilden endlich viele Zeichen und werden im Leibniz'schen Dualsystem mit Bits und Bytes abgezählt. Gemäß der Rasterung werden die Zeichen bzw. Bit- und Byte-Ketten aneinandergereiht, gespeichert und übertragen. Man spricht von einer „Digitalen Revolution“ der Informationsdarstellung.

Weil Analoge Informationsdarstellung aber für Menschen weitgehend anschaulich und selbstverständlich ist, bleibt sie immer dort erhalten, wo der Mensch mit den Daten in unmittelbare Berührung kommt: Auf Bildschirmen und Displays mit feiner Rasterung und feiner Quantisierung „verschwimmen“ die digitalen Datenstrukturen und erscheinen analog.

5.3 Medien: Fiktion und Information i.e.S., Subjektive und Intersubjektive, Interne und Externe Information

Medien sind Schlüssel und damit Information für das Strukturieren und Interpretieren von Daten, nicht mehr nur Datenträger wie in der Informatik ohne Externe Information. Sie bestimmen das Wesen und Erscheinungsbild Externer Information:

- Sprache und Schrift für Verbale Information,
- „Bild-Sprache" und Symbolik für Bildhafte und Symbolhafte Information,
- Musik und Motorik für Musikalische und Motorische Information,
- Numerik und Geometrie für Numerische und Geometrische Information.

Medien sind Interne und Externe, Subjektive und Intersubjektive Information:

Sprache und Schrift als Information
(vgl. [2], S.173 ff)

Sprache entsteht schon beim Kleinkind:

Es „erfindet" für sich selbst Ausdrucksweisen mit der Stimme, mit Mimik und Gestik:

Schon bald lernt das Kleinkind, dass es seine Sprache an die Eltern und Geschwister anpassen muss, damit man einander versteht:

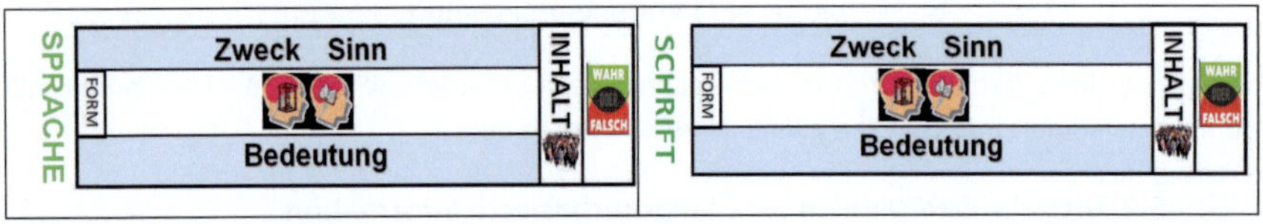

Sprache ist dann nicht mehr fiktive Subjektive Information, sondern Relative Information i.e.S.: Richtige oder falsche Ausdrucksweise.

Die Kindersprache, die Sprache in der Familie und am Ort, Dialekte als Sprache einer Region bzw. eines Volksstamms sind Interne Relative Information i.e.S..

Schrift ist von Anfang an Interne Relative Information, weil die Fähigkeit zum Schreiben im Unterschied zum Sprechen nicht angeboren ist, sondern von anderen Menschen gelernt werden muss.

Sprache und Schrift als Interne Information beinhalten die geistige Fähigkeit, sich mündlich und schriftlich auszudrücken, die mündlichen und schriftlichen Äußerungen anderer Menschen hörend und lesend zu interpretieren und zu verstehen:

Der kindliche Spracherwerb und der muttersprachliche Unterricht spielen eine zentrale Rolle für das Sprechen, das Hören, Interpretieren und Verstehen von Sprache, aber vor allem auch für die Entwicklung der Intelligenz, für Verstand, Vernunft, Gefühl und Geschmack, Seele und Geist eines Menschen. Sprechen hat eine Erkenntnis fördernde Funktion:

Beim mündlichen Ausdrücken findet Interne Informationsverarbeitung statt: Anfänglich unpräzise Vorstellungen werden klarer. Sprache ist für alle komplexeren Handlungen und für das Denken unverzichtbar. Sie liefert Vorstellungen von den Sachverhalten der Realität, die nicht nachträglich „versprachlicht“ werden: Der Mensch denkt in der Sprache. Die Sprache ist nach Wilhelm von Humboldt „Medium des Denkens und der Weltauffassung“.

Hochsprache und Fremdsprachen sind Generelle, aber nicht Absolute Information:

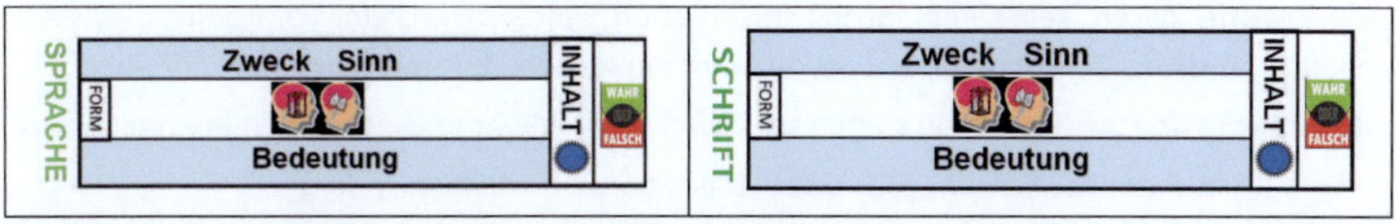

„Richtig“ und „Falsch“, fehlerhaftes Sprechen und Schreiben, mangelhaftes Lesen spielen in der Hochsprache und in Fremdsprachen eine bedeutende Rolle:

Individuelle Schriftsprache wird an der Generellen Schriftsprache in Bezug auf Orthographie, Semantik und Grammatik gemessen: Wesentliche Abweichungen der individuellen von der generellen Schriftsprache gelten als Schreibfehler. Je mehr sich die individuelle Schriftsprache dem Ideal der Generellen Schriftsprache annähert, d.h. je weniger Schreibfehler, desto höher ist die Schreib- und Lesekompetenz eines Menschen. Der Erwerb von Schreib- und Lesekompetenz in der Muttersprache ist ein mühsamer Lern-Prozess: Vor allem die Rechtschreibung, aber auch eine leserliche Handschrift erfordert viel Übung.

Zur modernen Schreibkompetenz gehört zweifellos auch das Schreiben mit einer Tastatur in Druckschrift, das nicht mehr lineare Schreiben (Buchstabe für Buchstabe, Wort für Wort, Satz für Satz) mit einem Text-Editor zur Textverarbeitung bzw. zum Ausdrucken und Speichern von Schriftlicher Information sowie die Kommunikation über SMS und E-Mail. Ob Tastatur-Schreiben und Druckschrift als Ersatz für das Schreiben mit herkömmlichem Schreibzeug in Handschrift für den Erwerb der Schriftsprache dienen kann, ist noch weitgehend ungeklärt.

Zur modernen Lesekompetenz gehört neben dem linearen Lesen von Texten (Wort für Wort, Satz für Satz), das nichtlineare Lesen von Listen, Tabellen, Karteien und moderner Datenbank-Information sowie in besonderem Maße das Lesen von Hypertexten.

Sprache bleibt aber nicht Interne Subjektive, Relative oder Generelle Information zum Sprechen, Schreiben und Lesen, sondern wird auch Externe Information:

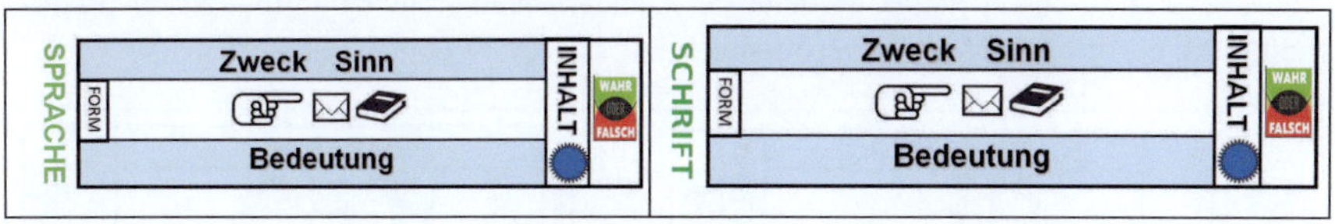

Hochsprache wird aktions- und datengestützt dargestellt: Im Sprachunterricht der Schule verwendet man ein Lesebuch und eine Grammatik sowie ausgewählte Lektüre. In der Sprachwissenschaft gibt es eine Fülle von Literatur.

Richtig lesen und schreiben können ist das Fundament „Sprachlicher Bildung“, vor allem aber auch der Allgemeinbildung:

Wer seinen Namen nicht schreiben kann, kann keinen Brief und kein Dokument unterschreiben. Erst die persönliche Handschrift verleiht einem Brief, einer schriftlichen Mitteilung, einem Dokument oder Vertrag Autorität und damit Glaubwürdigkeit.

Schreiben – noch mehr als Sprechen - hat eine Erkenntnis fördernde Funktion:

Der Schreiber hat im Gegensatz zum Sprecher Zeit, seine schriftlichen Äußerungen zu überdenken: Er kann seine Gedanken ordnen, seine Überlegungen weiterentwickeln, seine Ideen und Begriffe klären, seine Persönliche Information weiterentwickeln, verarbeiten. Wissenschaftler, Juristen, Schriftsteller entwickeln ihre Persönliche Information beim Schreiben.

Hochsprache und Schriftsprache stehen teils, aber nicht immer in enger Beziehung zueinander:

- „Man redet der Schrift nach“ oder „Man schreibt, wie man spricht“.

Wortschatz und Satzbau stimmen überein:

- Bedeutung, Inhalt, Sinn der Wörter: Semantik,
- Regeln und Konventionen zum Formulieren der Sätze: Grammatik.

Die Schriftsprache besitzt über die Hochsprache hinaus Regeln und Konventionen zur Orthografie (Rechtschreibung), die von Zeit zu Zeit mehr oder weniger sinnvoll reformiert werden.

Der Erwerb einer oder mehrerer Fremdsprachen in Sprache und Schrift bedeutet einen gewaltigen Zuwachs an Persönlicher Information: Nicht nur Wortschatz, Phonetik, Semantik, Orthografie und Grammatik, sondern auch Information über mit der Fremdsprache verbundene Kulturgüter bereichern Subjektive und Intersubjektive Persönliche Information.

Binär-Code als Information

Als Erfinder des Binärcodes gilt G.W.Leibniz (1646 – 1716). Sein Genie entwirft eine Vorstellung von der Zahldarstellung in einem Stellenwertsystem, wobei nur die Ziffern 0 und 1 vorkommen. Diese Vorstellung ist zunächst seine subjektive Fiktion, eine Interne Information:

Die Fiktion entwickelt sich bei Leibniz zu einer korrekten Alternative zur Dezimalen Zahldarstellung, also zu einem neuen Medium der Zahldarstellung, einer Information mit Wahrheitswert, die er 1703 schriftlich veröffentlicht:

Der Binär-Code verbreitet sich zunächst unter wenigen Interessierten:

Erst viel später wird der Binärcode von der Zahldarstellung auf die Text- und Symboldarstellung mit Bits und Bytes ausgeweitet und bestimmt als Medium das generelle Denken und die generelle Praxis der Daten-Verschlüsselung für Nachrichten- und Computertechnik:

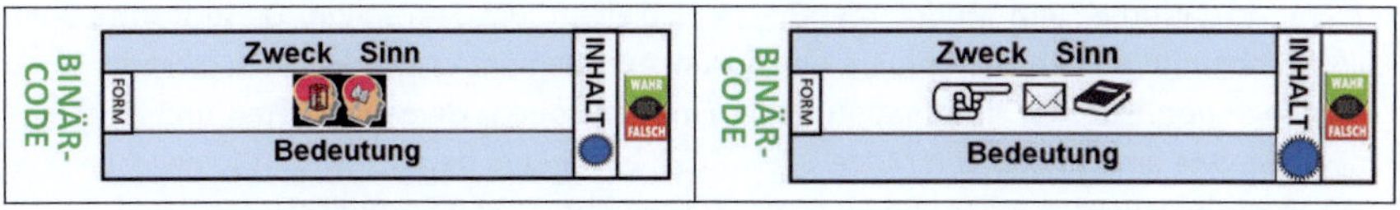

5.4 Externe Information als Sekundäre Medien

Wird Interne Information über Externe Information an Andere weitergegeben, so spielt ein Medium zum Strukturieren und Interpretieren der Daten wie Sprache oder Schrift die Mittlerrolle. Aber auch die Externe Information selbst spielt eine Mittlerrolle. Im Unterschied zu Sprache und Schrift als primäre Mittler sind Gespräch, Brief und E-Mail oder SMS sekundäre Mittler, die sich auf die primären Mittler stützen:

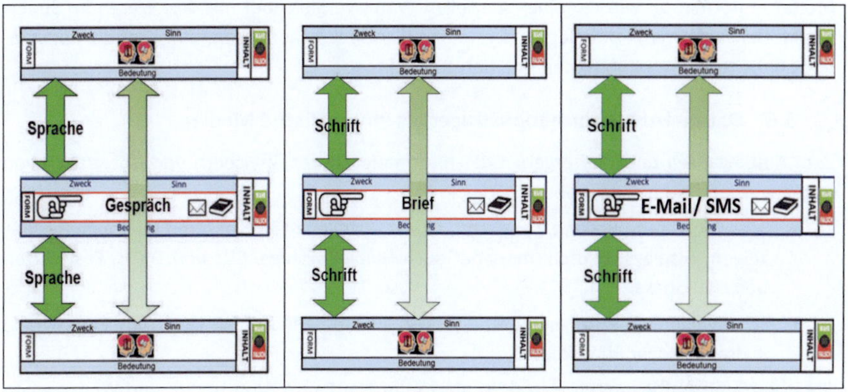

Im Unterschied zu den „Primären Medien“, die direkt vermitteln, vermittelt Externe Information indirekt als „Sekundäres Medium“. Insofern ist das Gespräch oder der Brief, die E-Mail bzw. SMS auch ein Medium. Externe Information wird als Medium auffälliger wahrgenommen, wenn Interne Information an Gemeinschaften oder gar an die Allgemeinheit weitergegeben wird:

- Zeitungen, Zeitschriften und Bücher als Externe Information und Sekundäre Medien erscheinen in hohen Auflagen. Sie werden im Unterschied zu Primären Medien wie Sprache, Schrift und Fotografie zu einer materiellen Ware, die man kaufen kann.
- Rede, Vortrag, Hörfunk- und Fernseh-Sendungen, Musik, Filme und Internet, aber auch Plakate und Schilder sind Sekundäre Medien.

5.5 Institutionen als Massenmedien

Zu Organisation bzw. Produktion und Vertrieb von Sekundären Medien bedarf es Institutionen: z.B. Foren für Reden und Vorträge, Hörfunk, Verlage für Bücher und Zeitschriften, Musik-Verlage, Werbe- und Modefotografie, der Spielfilm, das Fernsehen. Diese Institutionen bestimmen und prägen wie Primäre und Sekundäre Medien Ausdrücken, Interpretieren und Verstehen von Externer Information durch Einzelpersonen, Gemeinschaften und die Allgemeinheit, wie am Beispiel von Mode oder Musik besonders deutlich wird. Die angesprochenen Menschen werden mehr und mehr zu „Konsumenten" von Sekundären Medien.

Die Institutionen werden zu „Massenmedien", wenn sie ihre Produkte so gestalten, dass sie ihre Konsumenten als „konforme Masse" betrachten und entsprechend ansprechen:

- Der einzelne Mensch verliert teilweise, oft auch weitgehend seine Individualität in der homogenen, strukturlosen Masse.
- Die Masse hat eine Eigendynamik und bildet einen „Mainstream" aus: Gewisse Information wird bevorzugt und drängt andere Information an den Rand.

Die von Massenmedien wie Presse, Rundfunk, Fernsehen und Internet vermittelte bzw. verbreitete Information wird zu einer speziellen Ware, vergleichbar mit den Waren im Supermarkt: Der Supermarkt definiert und vereinheitlicht mit seinem Warenangebot die Konsumgewohnheiten seiner Kundschaft und deren Geschmack.

5.6 Daten- bzw. Informationsträger als Physikalische Medien

Zum Aufbewahren und Weitergeben der Information durch Speichern und Übertragen von Daten werden Datenträger gebraucht:

- Schilder, Tafeln, Plakate, Leinwand, Papier, Schallplatten, Ton- und Videobänder, Anzeigen, Displays, Bildschirme, aber auch Halbleiterchips, CDs und DVDs, Festplatten und USB-Sticks,
- Schallwellen, Elektromagnetische Wellen in Leitungen und als Licht- und Funksignale im Raum, sogar im Vakuum.

Speichern und Aufbewahren erfordern physikalischen Raum. Übertragen und Weitergeben beziehen sich auf räumliche Entfernungen und benötigen physikalische Verbindungen und Zeit. Aus physikalischer Sicht vermitteln die Datenträger die Datengestützte Information. Dadurch werden sie auch Informationsträger und „Physikalische Medien".

Daten- und Informationsträger bzw. Physikalische Medien markieren Meilensteine der Medien- und Menschheitsgeschichte: Stein- und Tontafeln, Papyrus und Papier, Wachs- und Schellackplatten, Magnetplatten und Magnetbänder, Leinwand und Bildschirm bzw. Feuer und Rauch, Telefon- und Funksignale bzw. Laserlicht als Elektromagnetische Wellen.

6. Information, Realität und Wahrheit

Was ist „Fake" und was sind „Fakten"? Nicht nur Soziale Medien, auch die Informationsmedien kämpfen gegenwärtig um ihre Glaubwürdigkeit. Wahrheit bedeutet offenbar „wahre Information über die Realität". Realität ist aber nicht nur die „Ur-Realität" aus konkreten und objektiven Dingen samt dem entsprechenden zeitlichen Geschehen. Realität ist heutzutage zum großen Teil „Virtuelle Realität", die aus Subjektiver und Intersubjektiver Information entsteht. Die im Film „Titanic" dargestellte fiktive Handlung wirkt auf den Zuschauer als vergangene Realität aus konkreten und objektiven, in ein dramatisches Geschehen eingebundenen Personen. Sie steht für den Zuschauer zum Verwechseln ähnlich neben seiner konkreten und objektiven Realität i.e.S.. Virtuelle Realität bekommt ihren hohen Stellenwert durch die entsprechenden Sekundären Medien, angefangen bei Büchern und Zeitungen über die Massenmedien Rundfunk und Fernsehen bis hin zum dominierenden Gegenwartsmedium Internet. „Wahre Information über die Realität" umfasst deshalb auch „Wahre Information" über die oft mehr abstrakte als konkrete, oft mehr subjektive als objektive Virtuelle Realität. Es ist deshalb oft nicht einfach, Wahrheit als wahre Information über die Realität herauszufinden. Ein Beispiel ist der „Video-Beweis" beim Fußball:

Der Schiedsrichter ist heutzutage mehr und mehr überfordert, die konkrete und objektive Realität des "Spiels auf dem Platz" in kürzester Zeit korrekt zu erfassen und zu bewerten. Ihm soll die Virtuelle Realität eines Videos mit verschiedenen Zeitlupen-Aufnahmen aus verschiedenen Kamerapositionen helfen. Nur oberflächlich betrachtet ist das Video objektiv: Die konkrete und objektive Spielsituation müsste wenigstens aus allen denkbaren Kamerapositionen abgebildet werden, was unmöglich ist. Akustische und andere Aspekte werden durch das Video überhaupt nicht erfasst. Der „Video-Beweis" ist für den Schiedsrichter meist eine Hilfe, aber kein Beweismittel und bleibt zurecht umstritten. Der renommierte Schiedsrichter-Experte Urs Meier hat es vor kurzem so formuliert: „Die Wahrheit ist und bleibt auf dem Platz!" Er meint die wahre Information über die konkrete und objektive Realität i.e.S., nicht identisch mit jeder wahren Information über die mediale Virtuelle Realität im Video. Der Name „Video-Beweis" ist also irreführend, weil er Realität i.e.S. und Virtuelle Realität unzulässig vermischt.

Es ist nicht zuletzt die Informatik ohne Externe Information, die mit dem Internet die für Wahrheit so problembehaftete Virtuelle Realität „aufgebläht" hat und mit ihrer ausschließlich Internen Information absolut nichts zur Klärung der Wahrheit beiträgt:

Information befindet sich ausschließlich „im Kopf von Menschen" bzw. im „Neuronalen Netz" des Gehirns. Im Computer tummeln sich dagegen Daten, die Information darstellen, nicht aber Information sind. Ob die vielen Daten wahre Information darstellen, wird zumindest nicht geprüft oder thematisiert, eher „blauäugig" vorausgesetzt, weil das eine nicht leistbare „Herkules-Aufgabe" wäre. Und wie soll man auch Information praktisch auf Wahrheit überprüfen, solange sie im direkt nicht zugänglichen Gehirn residiert? Was unsere Probleme mit Wahrheit und Realität angeht, bleibt die Informatik mit ihrer Internen Information „im Elfenbein-Turm" der Unwirksamkeit und Hilflosigkeit. Informatik mit Externer Information will und kann aus dem Elfenbein-Turm ausbrechen:

6.1 Realität i.e.S.: Information als ihr Abbild

Die Realität i.e.S. ist im Gegensatz zur abstrakten Internen Information den Menschen und ihrer Wahrnehmung prinzipiell in gleicher Weise zugänglich, also konkret:

- Naturphänomene: Tag und Nacht, Sommer und Winter, das Wetter etc. geschehen in Raum und Zeit. Zur Natur gehören neben allen Dingen und allem Geschehen auf der Erde auch das Weltall als Makrokosmos und der Mikrokosmos der Zellen, Moleküle, Atome und Elementarteilchen.
- Kulturphänomene: Landwirtschaft und ihre für die Ernährung lebensnotwendigen Erzeugnisse, ebenso Architektur mit einfachen bis aufwendigen Bauwerken als Behausung, Obdach oder Arbeitsplatz, ebenso Kunst, Musik und Sport u.v.a.m..

Die Realität i.e.S. ist nicht subjektiv, sondern „gegenständlich", objektiv:

- Der Erdboden stellt sich beim Stehen oder Fallen jedem Menschen und jedem Gegenstand massiv entgegen. Jede Wand, jedes Hindernis macht sich für jeden Menschen gleich bemerkbar, weil es sich anderen Gegenständen bei ihrer Bewegung im Weg steht. Beim Greifen mit den Händen offenbart sich das Gegenständliche.
- Wind und Wasser können aufgrund ihrer Gegenständlichkeit verheerenden Schaden anrichten, indem sie auf alles, was sich ihnen entgegenstellt – Gegenstände und Menschen – materiell massiv einwirken, bis hin zur Zerstörung.
- Viele kulturelle Dinge und viel kulturelles Geschehen sind gegenständlich: Wir spüren die Gegenständlichkeit von Nahrung und Getränken beim Kauen und Schlucken, die beabsichtigte Gegenständlichkeit von geschlossenen Türen und Toren, wenn wir sie passieren wollen. Aber auch kulturelle Geschehnisse wie Bildhauerei und Malerei, Musizieren, Theater, Sport sind gegenständlich. Insbesondere Kriegsgeschehen wirkt massiv gegenständlich, weil es Menschen, Häuser, Dörfer und Städte zerstört.

Seit der Antike bis ins Mittelalter gilt: Realität gleich „Sein". Das beständige Sein kennzeichnet die Realität. Wasser, Erde, Luft und Feuer sind die „Vier Elemente" der Natur. Das „Werden" in der Natur und „Machen" in der Kultur gelten zunächst als zufällig, vorübergehend und unwesentlich. Das Sein beinhaltet Sinn (griech.: logos). Weil der Mensch Geist besitzt, kann er den Sinn des Seins, den Sinn der Realität erfassen und damit die Realität als Wahrheit erkennen: Wahrheit bedeutet erkennbare Realität, Realität ist logisch. In der Neuzeit bekommt das zeitbestimmte Geschehen und die Fakten als das Geschehene und das Gemachte einen hohen Stellenwert für die Realität. Hegel versteht das Sein als geschichtlichen Prozess. Marx fordert die Veränderung des Seins. Realität ist logisch und faktisch.

Realität ist in der Gegenwart weniger das zeitlose Sein der Philosophen und Theologen, weniger aber auch die Vergangenheit der Historiker, dafür mehr die zeitabhängige Wirklichkeit, das Werden der Soziologen, Politologen und Psychologen, vor allem das Machen in Naturwissenschaft und Technik. Realität wird aber durchaus weiterhin auch durch das Sein bestimmt: Natur und Technik beruhen auf der Konstanz der Naturgesetze und auf universellen Konstanten: Lichtgeschwindigkeit, Gravitationskonstante, Elementarladung und Wirkungsquantum sind im engeren Sinne keine Messwerte, sondern physikalische Größen, die in vielen unterschiedlichen Zusammenhängen des Kosmos gefunden werden und sich der physikalischen Erkenntnis in gewissem Sinne aufdrängen. Insbesondere das „Gesetz von der Erhaltung der Energie“ und das „Prinzip der kleinsten Wirkung“ sind Hinweise auf ein sinnvolles beständiges Sein, das das Werden und Machen steuert.

Das Werden von Leben, der Ursprung des irdisch-biologischen Lebens entzieht sich der menschlichen Erkenntnis und Machbarkeit: Niemandem ist es bisher gelungen, aus lebloser Materie lebendige Zellen zu machen. Aber auch der Tod gibt Hinweise auf ein Sein, jenseits allen Werdens und Machens, auf einen Sinn des Lebens: In allen Weltreligionen gibt es die Vorstellung von der unsterblichen Seele. Mahatma Gandhi sagt: Der Mensch ist dort, wo seine Seele ist, nicht dort, wo sein Körper sich befindet.

Zur Realität i.e.S. gehören sicher auch ganz banale Dinge: Das Wetter, der Straßenverkehr, die Wohnung und der Supermarkt:

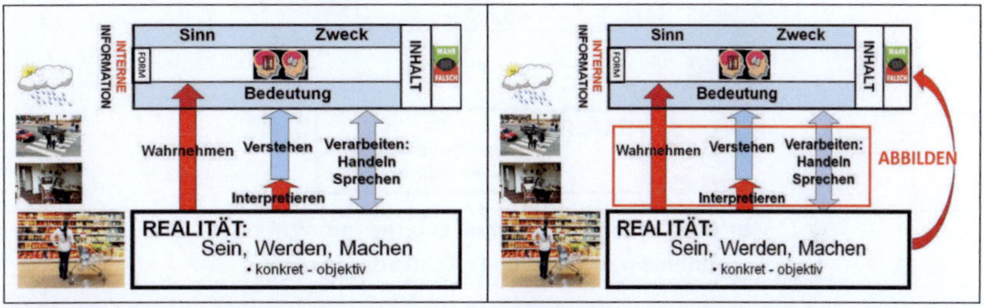

Menschen wollen Realität nicht nur wahrnehmen, sondern verstehen: „Alle Menschen wollen von Natur aus verstehen“ (Aristoteles). Offensichtlich ist Verstehen mehr als Wahrnehmen. Andererseits gibt es kein Verstehen ohne Wahrnehmen: „Nichts ist im Verstand, was nicht zuvor in der Wahrnehmung wäre“ (Thomas v. Aquin, 13.Jahrhundert). Wahrnehmen wird begleitet durch Selektieren, Abstrahieren, Assimilieren und Akkommodieren, Assoziieren, Konstruieren, Sprechen und Handeln. So wird Realität nicht nur wahrgenommen, sondern subjektiv gedeutet, interpretiert bis Realität und Information zusammenpassen, d.h. bis zum Verstehen. „Information ist nur, was verstanden wird“ (C.F. von Weizsäcker). Die entstandene Information ist ein „Abbild“ der Realität:

Realität wird durch Wahrnehmen, Interpretieren/Verstehen und Handeln/ Sprechen auf Interne Information abgebildet.

Realität wird auch auf Externe Information abgebildet:

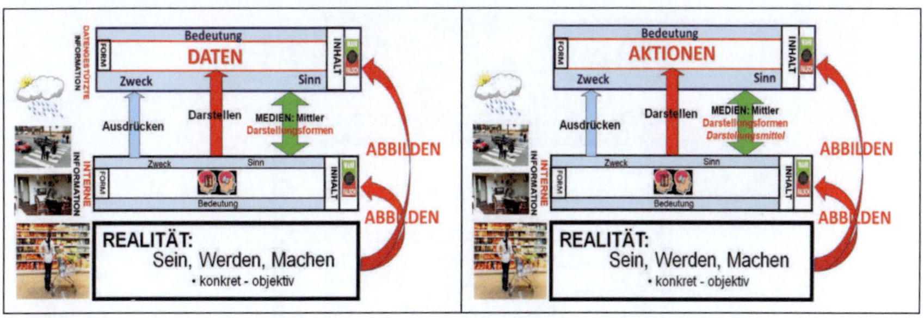

Interne Information über die Realität wird mit Daten oder Aktionen dargestellt bzw. auf Externe Information abgebildet, indem Interne Information ausgedrückt wird, z.B. als Wetterbericht,

Sachbuch oder Nachrichtensendung in Radio und Fernsehen. Mit Geld als Daten und Bezahlen als Aktion werden wesentliche Elemente eines Supermarkts auf Externe Information abgebildet.

Interne und Externe Information als Abbilder der Realität sind fest aneinander „gekettet“: Sie haben dieselbe Bedeutung, denselben Sinn und Zweck:

Interne und Externe Information sind inhaltsgleich und haben deshalb denselben Wahrheitswert.

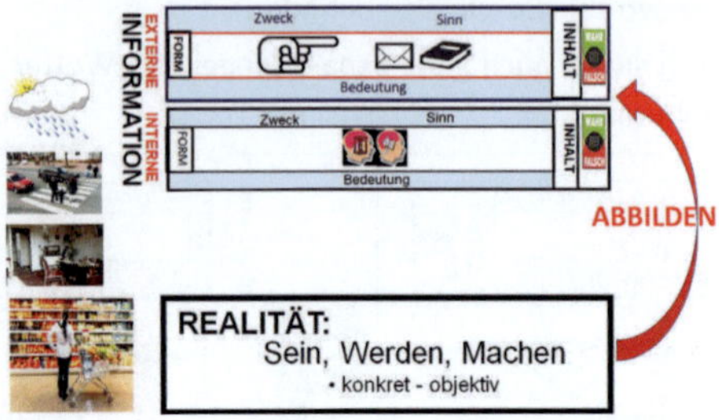

Interne und entsprechende Externe Information bilden ein gemeinsames Abbild der Realität.

6.2 Virtuelle Realität und Realität i.w.S.: Information als ihr Abbild

Die Waren im Supermarkt haben einen Preis, der vom Kunden mit Geld bezahlt werden muss. Das ist einerseits Realität, aber auch Information: Warenpreise sind zunächst Interne Information bei der Geschäftsleitung und beim Kunden, als aufgedruckte Preisschilder aber Datengestützte bzw. Externe Information. An der Kasse bezahlt der Kunde mit Karte oder Bargeld: Karte, Münzen und Geldscheine sind ebenfalls Externe Information, die Interner Information beim Kunden und Kassierer entspricht. Das Bezahlen als Aktionsgestützte bzw. Externe Information signalisiert dem Kassierer, dass die Ware nun dem Käufer gehört. Warenpreise, Geld und Bezahlen sind eine andere Realität wie die Ur-Realität der Waren, des Personals und der Kunden im Supermarkt: Realität und Information zugleich, vergleichbar mit der Realität von Computerspielen, vergleichbar mit der Realität von virtuellen Spiegelbildern: Virtuelle Realität. Die ursprüngliche Realität als Realität i.e.S. bildet zusammen mit der Virtuellen Realität die Realität i.w.S., das Phänomen „Supermarkt“:

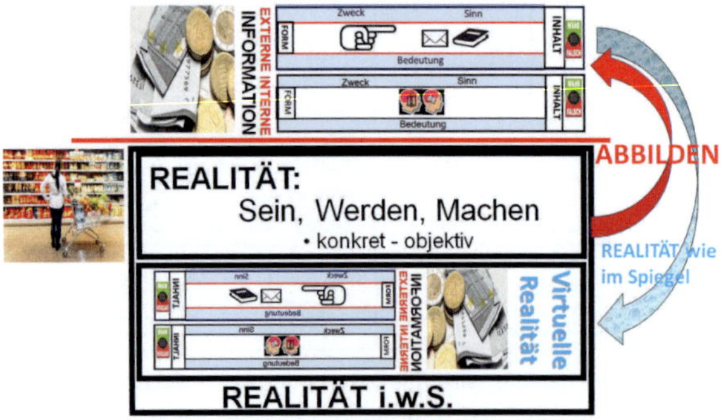

Virtuelle und Realität i.w.S: findet man auch beim Wetter und beim Fußball:

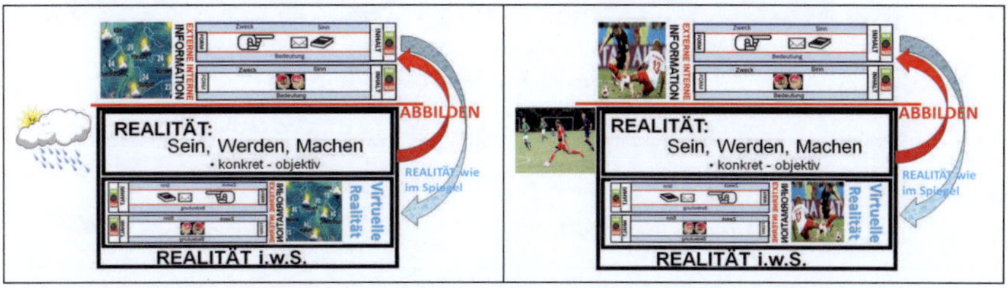

Wetterbericht und Wetterkarte sind Realität und Information. Als Virtuelle Realität bilden sie zusammen mit dem wirklichen Wetter eine Realität i.w.S..

Die Zeitlupe und der Video-Beweis sind zunächst Information, aber auch Realität, aber nicht „gleichwertig" dem „Fußballspiel auf dem Platz". Zusammen bilden sie eine Realität i.w.S., das Phänomen „Fußball", das alles umfasst, was mit Fußball zu tun hat. Die Realität i.e.S. „Fußballspiel auf dem Platz" wird aufgrund der vielen TV-Übertragungen mit umfangreichen Vor- und Nachberichten fast eine Randerscheinung. Selbstverständlich wird auch über die TV-Übertragungen mitsamt den Schiedsrichterentscheidungen oder auch über das Fußballmanagement viel diskutiert und berichtet.

Das bedeutet, dass auch die Virtuelle Realität bzw. die gesamte Realität i.w.S. wiederum auf Information abgebildet wird:

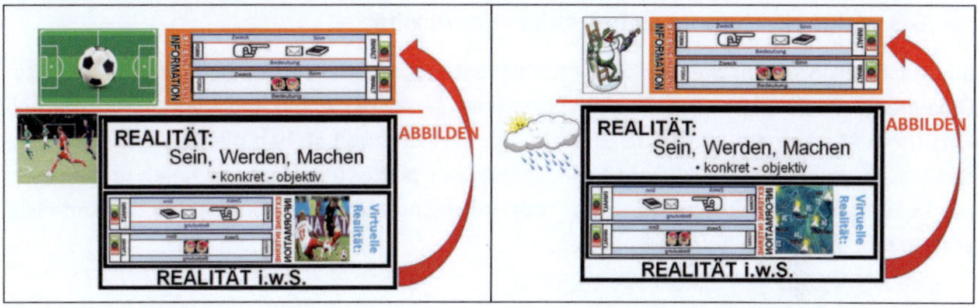

Der Fußball auf dem stilisierten Fußball-Feld symbolisiert die gesamte Information über das Phänomen „Fußball": Alles was mit Fußball zusammenhängt. Der Wetterfrosch symbolisiert die gesamte Information über alles, was mit dem Phänomen „Wetter" zusammenhängt.

Das Rezept des Arztes ist Realität, aber vor allem Information und damit Virtuelle Realität. Geometrie zeigt besonders deutlich, was Virtuelle Realität bedeutet: Die Punkte, Geraden und Strecken der Geometrie sind zwar Realität, doch in der Realität i.e.S. gibt es keine Punkte ohne Ausdehnung sowie keine unendlich langen, in der Breite ausdehnungslose Geraden. Geometrie beschreibt eindeutig Virtuelle Realität. Zusammen mit der geometrisch geprägten Realität im Straßenbau oder Hoch- und Tiefbau, in Naturwissenschaft und Technik bildet die Geometrie eine Realität i.w.S.. Die Realität beim Arzt bildet zusammen mit den Rezepten, der gesamten Medizin-Literatur, dem gesamten Medizinwissen eine weitere Realität i.w.S., das Phänomen „Medizin".

Realität i.w.S. wird wiederum auf Information abgebildet: Sie umfasst die gesamte Information über die Realität i.e.S. und die entsprechende Virtuelle Realität:

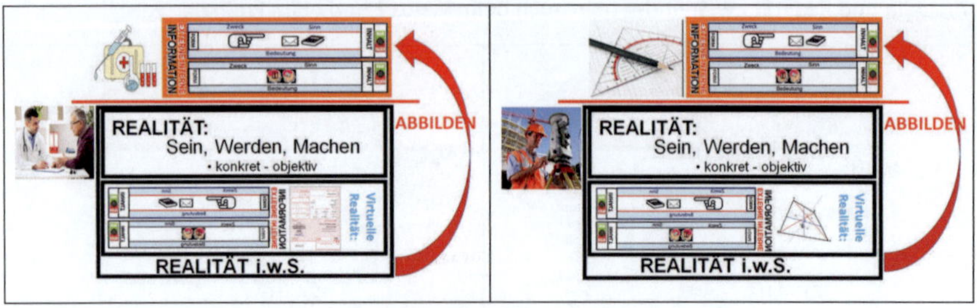

Entsprechend auch beim Phänomen „Supermarkt“:

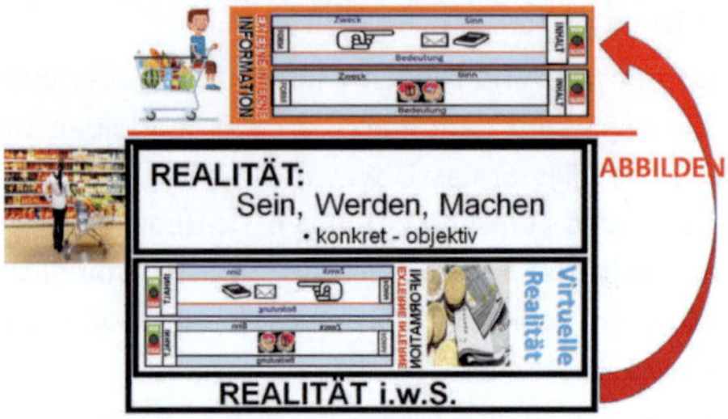

Der Einkaufswagen symbolisiert die gesamte Information über das Phänomen „Supermarkt“.

6.3 Wahrheit: Homomorphes Abbild der Realität

In totalitären Staaten wie der Sowjetunion galt es als gerechtfertigt, bedeutende Foto-Dokumente zu fälschen: Ein Original-Foto zeigt Lenin bei einer Rede vor dem Bolschoi-Theater in Moskau am 20.Mai 1920. Neben dem Rednerpult stehen die beiden Bolschewisten Trotzki und Kamenow, die ein paar Jahre später politisch in Ungnade fallen und deshalb aus Dokumenten entfernt wurden. Ein Treppenaufgang zum Rednerpult, in Wirklichkeit nicht vorhanden, ersetzt die beiden Personen:

Was ist REALITÄT?

Was ist WAHRHEIT?

Lenin and Trotsky at Red Square Moscow 20.05.1920

Am Beispiel der fotografischen Abbildung von Realität wird geklärt, was wahre bzw. falsche Externe Information ausmacht:

Eine Fälschung (F) entsteht zunächst als Interne Information des Fälschers. Die entsprechende Externe Information hat denselben Wahrheitswert und ist deshalb die beabsichtigte Fälschung.

Nur die Externe Information kann als Fälschung entlarvt werden:

Realität und Externe Information haben Struktur:
Gegenstände, Personen stehen untereinander in vielerlei Lagebeziehungen:

- links, rechts, oben, unten, vorne, hinten,
- benachbart, entfernt,
- größer, kleiner u.v.a.m..

In der Externen Information eines Fotos, das zudem nur einen Ausschnitt der Realität abbildet, sind manche Gegenstände und Personen durch andere verdeckt.

Die Realität besteht aus allen Personen und Gegenständen, die sich auf dem Platz vor dem Bolschoi-Theater befinden und kann prinzipiell bildlich nur völlig unzureichend dargestellt werden.

Man kann trotzdem deutlich erkennen:
Realität und Externe Information haben wesentlich unterschiedliche Struktur.

Das ist anders, wenn die Externe Information wahr ist:

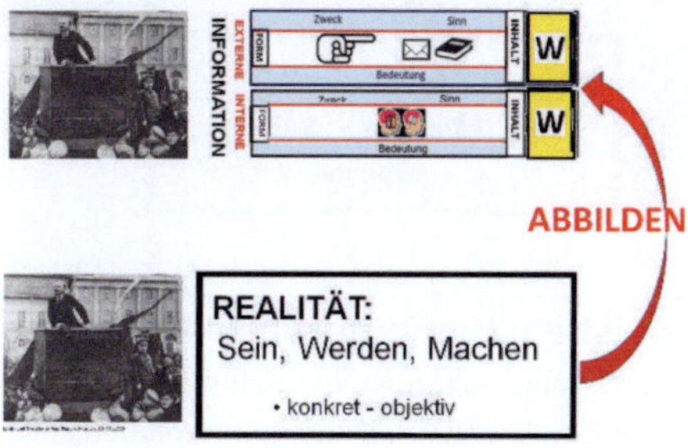

Fälschung und Wahrheit unterscheiden sich in der Struktur der Externen Information:

Abbilder der Realität bestehend aus

- **Personen und Gegenständen**
- **Lagebeziehungen**

Nicht alle Objekte bzw. Beziehungen des Abbildes
sind in der Realität vorhanden:

Die Realität wird
nicht homomorph
Abgebildet

Fälschung: FAKE

Alle Objekte bzw. Beziehungen des Abbildes
sind in der Realität vorhanden:

Die Realität wird
homomorph
abgebildet:

WAHRHEIT: FAKTEN

„Homomorph" bedeutet:

Die „Gestalt" (griech.: morphe) der Externen Information
„passt" zur „Gestalt" der Realität.

Die Struktur der Externen Information als Abbild enthält nichts Wesentliches, was nicht bereits in der Struktur der Realität vorhanden ist. Fachsprachlich ausgedrückt:

Eine Abbildung von Realität auf wahre Externe Information
ist eine „homomorphe Abbildung",
ein „Homomorphismus"

Wahre Externe Information als Abbild der Realität bzw. Wahrheit entsteht durch homomorphes Abbilden der Realität:

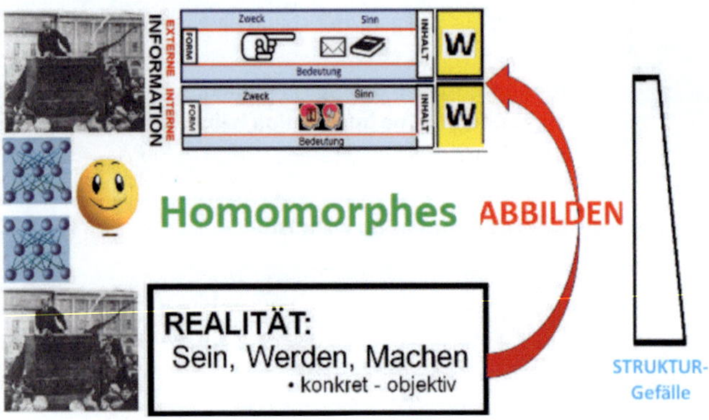

Wahrheit ist ein homomorphes Abbild der Realität

Über „Wahr" und „Falsch" einer Externen Information über die Realität entscheidet der Strukturvergleich zwischen Externer Information und Realität.

Dabei ist wesentlich:

(1) Zwischen Realität und wahrer Externer Information über die Realität besteht immer ein „Strukturgefälle“: Die Realität ist selbstverständlich immer reichhaltiger an Struktur als ihr Abbild, die Externe Information.

(2) Wahrheit ist für die Informatik nur über Externe Information zugänglich. Aber deren Wahrheit ist zugleich auch Wahrheit der entsprechenden Internen Information, denn beide haben gleichen Wahrheitswert:

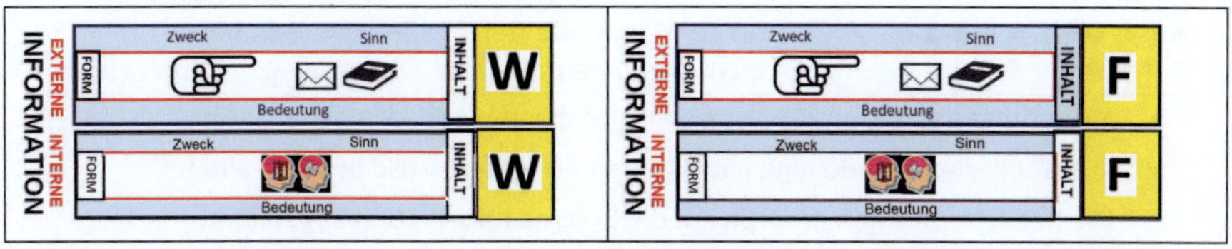

Homomorphe Abbildungen der Realität schaffen wahre Externe und Interne Information:

Mit den Naturgesetzen der Optik wird gezeigt, dass die optische Abbildung

mit Linsen und Spiegel bzw. die fotografische Abbildung und auch die filmische Abbildung die Realität homomorph abbilden (vgl. [2], S.368 – 381).

Es liegt aber nahe, dass von der Fotografie auf andere Medien analog geschlossen werden kann:

Nach C.F. von Weizäcker steckt der Inhalt der entsprechenden Externen Information in der Struktur der Daten (vgl. [2]):

Externe Information jeglicher Art als Abbild der Realität besitzt Struktur:
Objekte und ihre Beziehungen.
Damit ist immer ein Strukturvergleich mit der Realität möglich!

Die Struktur der Externen Information als homomorphes Abbild enthält nichts Wesentliches, was nicht bereits in der Struktur der Realität vorhanden ist.

(1) Geometrische Information: (vgl. [2], S.245ff)	**Realität, die man sich vorstellen muss:**
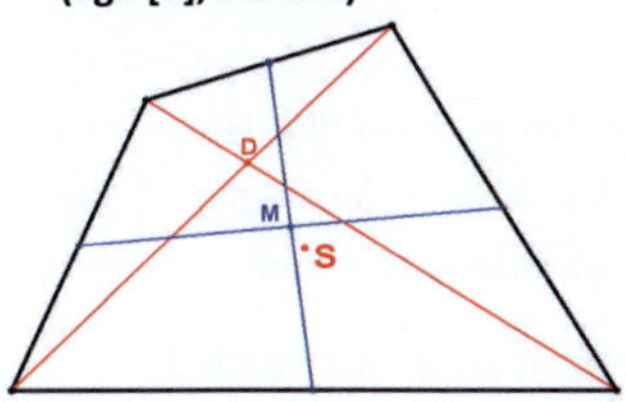	Oberfläche eines Blechstücks mit • 4 Ecken und 4 Kanten, • 2 Diagonalen und 2 Mittelinien mit ihren Schnittpunkten und • **dem Schwerpunkt**

- Jedes geometrische Objekt hat sein entsprechendes Urbild in der Realität.
- Jede geometrische Beziehung hat ihr entsprechendes Urbild in der Realität.

Die Realität wird homomorph auf die Externe Information abgebildet:

Die „Gestalt“ der Externen Information
„passt“ zur „Gestalt“ der Realität.
Die Geometrische Information ist wahr bzw. richtig!

Selbstverständlich ist das Blechstück reichhaltiger an Struktur als die geometrische Zeichnung:: Material, Farbe, Gewicht, Beschaffenheit der Ecken und Kanten etc.

Die der Externen Information „Zeichnung" entsprechende Interne Information „Geometrische Vorstellung" ist dann auch wahr bzw. richtig!

(2) Numerische Information: (vgl. [2], S.245ff)	**Realität, die man sich vorstellen muss:** Siebzehn Personen sitzen im Bus.
●●●●● ●●●●● ○○ ●●●●● ●●○○○	An der Haltestelle steigen fünf Personen ein. Im Bus befinden sich jetzt 22 Personen.

- Jedes numerische Objekt hat sein entsprechendes Urbild in der Realität.
- Jede numerische Beziehung hat ihr entsprechendes Urbild in der Realität.

Die Realität wird homomorph auf die Externe Information abgebildet:

Die Gestalt der Externen Information passt zur Gestalt der Realität. **Die Numerische Information ist wahr bzw. richtig!**

Selbstverständlich ist die Situation im Bus reichhaltiger an Struktur als die Numerische Information: z.B. Männer, Frauen, Kinder, Aussehen der Personen und des Busses.

Die der Externen Information entsprechende Interne Information „Numerische Vorstellung" ist dann auch wahr.

(3) Zeichnerische Information:	**Realität, die man sich vorstellen muss:**
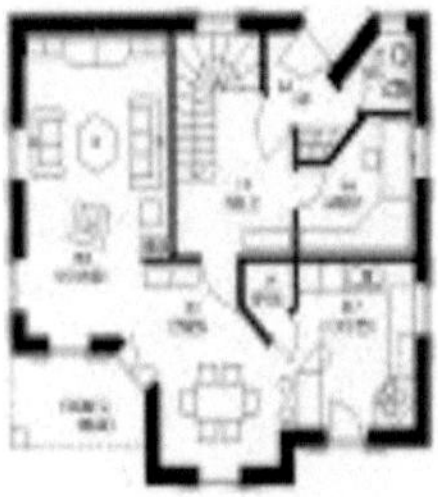	Eine Wohnung mit Raumeinteilung, Fenstern, Türen und möglichen Einrichtungsgegenständen in einer für die Nutzung günstigen Anordnung.

- Jedes zeichnerische Objekt hat sein entsprechendes Urbild in der Realität.
- Jede zeichnerische Beziehung hat ihr entsprechendes Urbild in der Realität:

Die Realität wird homomorph auf die Externe Information abgebildet:

Die Gestalt der Externen Information passt zur Gestalt der Realität. **Die Zeichnerische Information ist wahr bzw. richtig!**

Selbstverständlich ist die Realität einer Wohnung reichhaltiger an Struktur (Raumhöhe, Bodenbeläge, Wandgestaltung) als die Grundriss-Zeichnung.

Die der Externen Information „Zeichnung" entsprechende Interne Information „Vorstellung" ist dann auch wahr bzw. richtig.

(4) Formalsprachliche Information:	**Realität, die man sich vorstellen muss:**
Fläche des Grundstücks: Länge mal Breite $A = l * b = 40 * 30\ m^2 = 1200\ m^2$ Einfamilienhaus: $1/3 * 1200\ m^2 = 400\ m^2$ Doppelhaus: $2/3 * 1200\ m^2 = 800\ m^2$	Ein rechteckiges Baugrundstück ist 40 m lang und 30 m breit. Es soll so geteilt werden, dass ein Doppelhaus und ein Einfamilienhaus darauf gebaut werden können: Das Doppelhaus braucht doppelt so viel Platz wie das Einfamilienhaus.
$H_2O \rightarrow H_2 + O$ bzw. $2\ H_2O \rightarrow 2\ H_2 + O_2$	Wasser wird durch elektrischen Strom in Wasserstoff und Sauerstoff zerlegt (Elektrolyse).

- Jedes formalsprachliche Objekt hat sein entsprechendes Urbild in der Realität.
- Jede formalsprachliche Beziehung hat ihr entsprechendes Urbild in der Realität. Viele Eigenheiten formalsprachlicher Darstellungen sind frei wählbar und deshalb inhaltlich irrelevant.

Die Realität wird jeweils homomorph auf die Externe Information abgebildet:

Die Gestalt der Externen Information passt zur Gestalt der Realität.
Die Formalsprachliche Information ist wahr (bzw. richtig)!

Selbstverständlich sind die Realität der Flächenteilung von Grundstücken bzw. die Realität der Elektrolyse reichhaltiger an Struktur als die formalsprachliche Darstellung.

Die der Externen Information entsprechende Interne Information ist dann auch wahr bzw. richtig!

(5) Sprachliche Information:	**Realität, die man sich vorstellen muss:**
Lenin steht an einem Rednerpult vor dem Bolschoi-Theater. Um das Rednerpult scharen sich einige Menschen mit Soldatenmützen. Links von Lenin, direkt neben dem Pult, stehen Trotzki und Kamenow.	 Lenin and Trotsky at Red Square Moscow 20.05.1920

- Jedes sprachliche Objekt bzw. Subjekt hat sein entsprechendes Urbild in der Realität.
- Jede sprachliche Ortsangabe und jede Lagebeziehung haben ihr entsprechendes Urbild in der Realität. Viele Eigenheiten sprachlicher Darstellungen sind frei wählbar und deshalb inhaltlich irrelevant.

Die Realität wird homomorph auf die Externe Information abgebildet:

Die Gestalt der Externen Information passt zur Gestalt der Realität.
Die Sprachliche Information ist wahr bzw. richtig!

Selbstverständlich ist die Realität auf dem „Roten Platz“ reichhaltiger an Struktur als die sprachliche Darstellung.

Die der Externen Information entsprechende Interne Information ist dann auch wahr bzw. richtig!

6.4 Fakten: Homomorphes Abbild der Realität i.e.S.

Ein Supermarkt ohne Warenpreise und Geld sowie zahlende Kunden ist undenkbar. Sie sind „Fakten“:

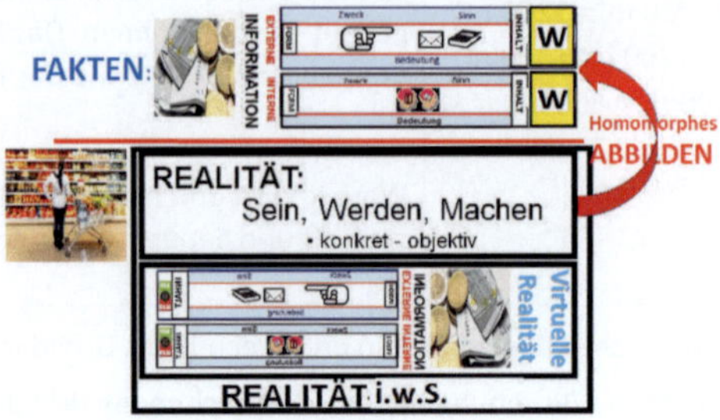

Fakten sind Homomorphe Abbilder der Realität i.e.S..

Wahre Fotografische, Geometrische, Numerische, Zeichnerische, Formalsprachliche und Sprachliche Information sind Fakten wie die Warenpreise, das Geld und das Bezahlen im Supermarkt.

Aus Fakten entstehen neue Fakten durch Logisches Denken als Informationsverarbeitung im Gehirn:

Numerische Information:	**Realität, die man sich vorstellen muss:**
17 + 5 = (17 + 3) + 2 = 22 →	Siebzehn Personen sitzen im Bus. An der Haltestelle steigen fünf Personen ein.
22 – 4 = (22 – 2) – 2 = 18 →	An der nächsten Haltestelle steigen vier Personen aus. Jetzt ist der Bus halb voll.
18 mal 2 = 36	Der Bus ist mit 36 Personen voll besetzt!

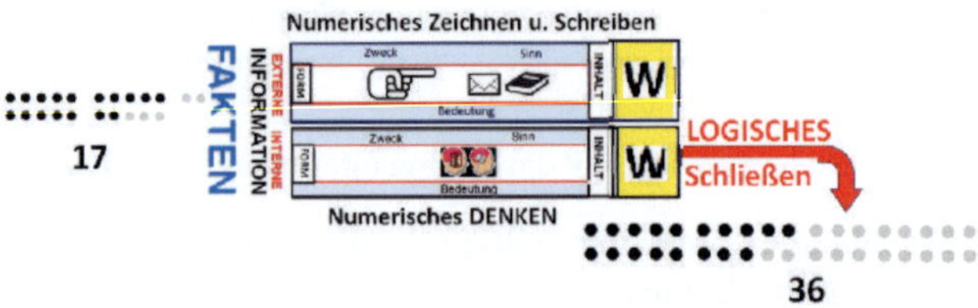

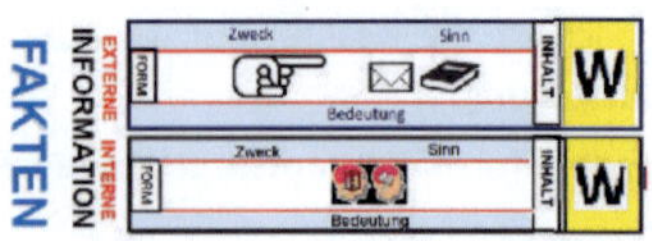

Raum-Zeit-Koordinaten als Fakten:
Isomorphes Abbild von Raum und Zeit – Homomorphes Abbild der Realität

Menschen erleben Raum und Zeit jeweils als ein Kontinuum, ein ununterbrochenes, lückenlos zusammenhängendes Gebilde aus „Raum-Punkten“ und davon unabhängigen „Zeit-Punkten“:

Der „Zeit-Raum“ besitzt einen von allen Personen, Gegenständen und Vorgängen unabhängigen, vor allen anderen Zeitpunkten herausgehobenen und damit ausgezeichneten Punkt: die Gegenwart. Von der Gegenwart aus wird Vergangenheit und Zukunft erschlossen. Wir erleben die Gegenwart als einen Zeitpunkt, der sich unaufhaltsam in Richtung Zukunft bewegt und nennen dieses Phänomen das „Fließen der Zeit. Die Dynamik der Zeit bewegt die Menschen in ihrem Innersten: J. W. von Goethe widmet ihr die Ballade „An Schwager Kronos“. Der Raum wird dagegen als „statisch“ empfunden. Einen herausgehobenen, ausgezeichneten Raum-Punkt, der als Orientierungspunkt dienen könnte, gibt es erfahrungsgemäß nicht: Besondere Bedeutung besitzt jedoch für alle Personen, Gegenstände und Vorgänge jeweils derjenige Ort, an dem sich die betreffende Person, der betreffende Gegenstand zum gegenwärtigen Zeitpunkt befindet bzw. an dem der betreffende Vorgang aktuell stattfindet. Richtungen verschaffen räumliche Orientierung, vor allem die Blickrichtung zur Sonne und die vier Windrichtungen.

Orts- und Zeitangaben als Information über „Raum und Zeit“ sind für jeden Menschen unverzichtbar: Geburtsdatum und Geburtsort werden amtlich festgehalten. Offizielle Dokumente sind mit Datum und Ortsangabe versehen. Das moderne Arbeitsleben und Verkehrswesen benötigen präzise Zeit- und Ortsangaben als

- Uhrzeit: Stunden, Minuten und Sekunden präzisieren Zeitpunkte, Uhren messen die Zeit und liefern Zeitangaben als Numerische Information über die Zeit. Bahn- und Flugverkehr sind ohne Uhrzeiten undenkbar.
- Ortskoordinaten: Geographische Länge und Breite sowie die Höhe über „Normalnull (NN)“ präzisieren Raum-Punkte auf der Erde, ein GPS (engl.: General Positioning System) vermisst den Raum. Körper-Scanner vermessen den menschlichen Körper. Ortskoordinaten liefern Ortsangaben und sind Numerische Information über den Raum.

Zu jeder präzisen Raum- und Zeitangabe gibt es
genau einen „Raum- und Zeitpunkt“
und umgekehrt.

Diese wechselseitig eindeutige Zuordnung von „Raum und Zeit“ und entsprechender Information über „Raum und Zeit“ beruht auf der Festlegung von Bezugspunkten und Achsen:

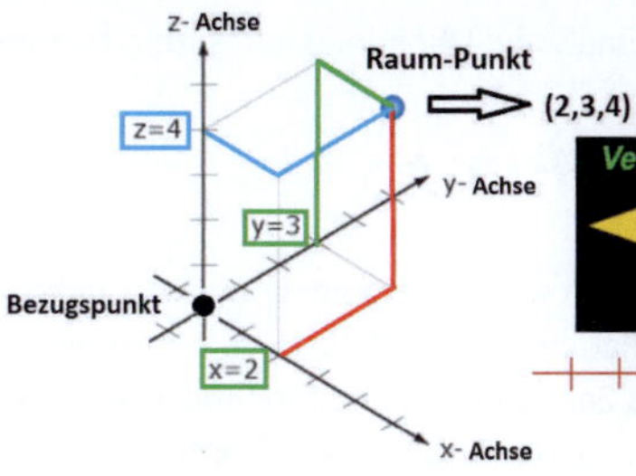

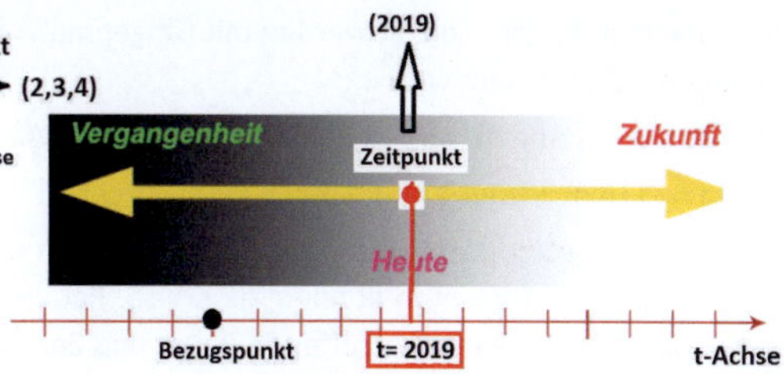

Das römische Weltreich und das Christentum setzen ihren räumlichen Bezugspunkt in die damalige Welt-Hauptstadt Rom, ihren zeitlichen Bezugspunkt bei der Gründung der Stadt Rom bzw. bei Christi Geburt. Der Islam betrachtet Mekka, die Geburtsstadt des Propheten Mohammed, als räumlichen und dessen Flucht nach Medina als zeitlichen Bezugspunkt. Die „fließende" Gegenwart eignet sich per se nicht als Bezugspunkt.

Zeitachsen für die eindimensionale Zeit unterscheiden sich außer im Bezugspunkt auch in der gewählten Maßeinheit: Jahrhunderte, Jahrzehnte, Jahre, Monate, Wochen, Tage, Stunden, Minuten, Sekunden, Zehntel-, Hundertstel-, Millisekunden etc.. Die Richtungen der drei Raumachsen für den dreidimensionalen Raum können frei gewählt werden. Die Maßeinheiten können sogar innerhalb der drei Achsen unterschiedlich festgelegt werden: Kilometer, Meter, Dezimeter, Zentimeter, Millimeter etc. aber auch Meile, Fuß, Zoll etc.. Jeder Raumpunkt wird auf die drei Achsen jeweils parallel zu den anderen Achsen projiziert:

Die Koordinaten als Skalenwerte auf den Achsen

- stellen Raum- und Zeitpunkte als Numerische Information dar und
- sind deren wechselseitig eindeutiges Abbild: Jeder Raum- und Zeitpunkt bestimmt eindeutig die Koordinaten, die Koordinaten bestimmen eindeutig den entsprechenden Raum- und Zeitpunkt.

Die räumlichen und zeitlichen Beziehungen und Strukturen drücken sich innerhalb eines Bezugsystems auch in den entsprechenden Koordinaten aus, als

- Größer-Kleiner-Beziehungen von Zahlen und Größen bzw. Differenzen und Summen, Produkte, Quotienten etc.,
- Rechnerische-Algebraische Strukturen und Gestalten, wie sie in der „Analytischen Geometrie" Verwendung finden.

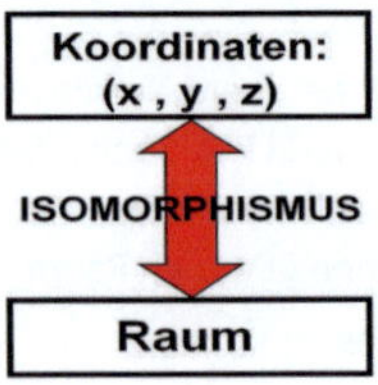

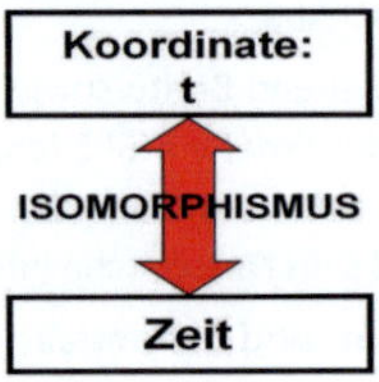

Die wechselseitig eindeutigen Zuordnungen sind stetige, vollkommen strukturerhaltende umkehrbar eindeutige Abbildungen:

Isomorphe Abbildungen

Raum- und Zeit-Koordinaten sind wahre Information über „Raum und Zeit": Fakten

Auch Entfernungen in Raum und Zeit werden auf Koordinaten-Strukturen übertragen:

Entfernungen in Raum und Zeit werden mit Längenmaß und Uhr gemessen. In den Koordinaten können sie berechnet werden:

- $\Delta t = t_2 - t_1$ und $\Delta x = x_2 - x_1$ und. $\Delta y = y_2 - y_1$ und $\Delta z = z_2 - z_1$
- $d = \sqrt{[\,(\Delta x)^2 + (\Delta y)^2 + (\Delta z)^2\,]}$ (nach Pythagoras)

Bahnen von Planeten (samt ihren Monden), Kometen und Weltraumstationen, Flugkurven von Geschossen und Raketen können als Kreise, Parabeln, Hyperbeln u. ä. berechnet werden. Kollisionen als Zusammentreffen in Raum und Zeit, Sonnen- und Mondfinsternisse können bereits in der Sumerischen Hochkultur Babyloniens vorausberechnet werden.

Die Isomorphie zwischen Raum und Zeit und den entsprechenden Koordinaten bringt die Berechenbarkeit von Raum und Zeit. Sie hat die Weltraumfahrt Mitte des vorigen Jahrhunderts ermöglicht. Dadurch ist ein riesiger Bedarf an Rechenkapazität entstanden, der der Entwicklung von Computern mächtigen Aufschwung verliehen hat. Sie bringt aber auch eine tiefe Einsicht über die Struktur von Raum und Zeit:

Raum und Zeit sind
wie die dazu isomorphen Koordinatenräume
Kontinua

Kontinua sind lückenlos zusammenhängende Gebilde mit überabzählbar vielen Elementen: Löcher sind nicht vorhanden. Die Reellen Zahlen R bilden den Zahlenraum R^1, ebenso sind R^2, R^3 und R^n Kontinua (n>3). Die Zeitkoordinaten entsprechen genau R^1, die Raumkoordinaten R^3. Weil die Koordinaten isomorph zu Raum und Zeit sind, sind Raum und Zeit ebenfalls Kontinua, d.h. lückenlos zusammenhängende Gebilde ohne Löcher mit überabzählbar vielen Elementen.

Raum-Zeit-Koordinaten als Fakten: Homomorphes Abbild der Realität

Alle Dinge und alles Geschehen in der Realität beanspruchen Raum und Zeit. Dadurch wird die Realität eindeutig dem beanspruchten Raum und der beanspruchten Zeit zugeordnet.

Die räumliche Zuordnung ist wechselseitig eindeutig:

Jedes Ding, jeder Gegenstand beansprucht seinen Raum, den sie ganz ausfüllen und nicht mit anderen teilen. Wo sich ein Gegenstand befindet, kann kein anderer sein. Damit kann der ausgefüllte Raum wieder seinem Gegenstand, der ihn beansprucht hat, zugeordnet werden. Die zeitliche Zuordnung von realem Geschehen dagegen ist nicht wechselseitig eindeutig: Geschehen füllt den von ihm beanspruchten Zeitraum nicht aus: Anderes Geschehen verläuft „parallel“ im gleichen Zeitraum.

Die Objekte und Ereignisse der Realität stehen in den oben beschriebenen räumlichen und zeitlichen Beziehungen zueinander und bilden so entsprechende räumliche und zeitliche Zusammenhänge, Strukturen bzw. Gestalten. Sie stehen aber noch in vielen anderen Beziehungen zueinander, die weder Raum noch Zeit beanspruchen: Persönliche und sächliche Beziehungen, Verflechtungen mit entsprechenden Strukturen. z.B. Hierarchien in Wirtschaft und Politik. Im obigen Beispiel „Supermarkt“ sind die Beziehungen „Ware-Preis“, „Kosten-Ertrag“, „Arbeit – Lohn“ von Bedeutung. Jedes Klassifizieren und Ordnen der Realität geschieht auf der Grundlage von Äquivalenz- und Ordnungsbeziehungen und schafft entsprechende Strukturen und Zusammenhänge. Durch die Beanspruchung von Raum und Zeit werden die räumlichen und zeitlichen Ereignisse der Realität beziehungs- struktur- und gestalttreu auf Raum und Zeit auf abgebildet. Die Abbildung der Realität mit allen ihren Beziehungen, Strukturen und Gestalten auf das Raum-Zeit-Kontinuum ist also nicht isomorph, sondern „nur“ homomorph:

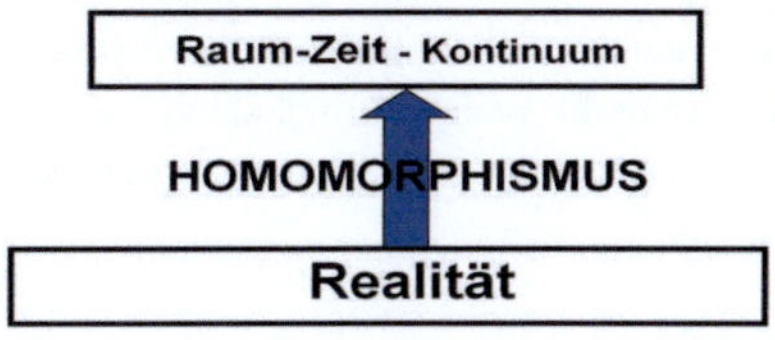

Realität und Raum-Zeit

sind homomorph zueinander

Die Realität ist deshalb eine „Raum-Zeit-Welt“

Weil das Raum-Zeit-Kontinuum zu den entsprechenden Koordinaten isomorph ist, ist die Realität mit all ihren Beziehungen, Zusammenhängen, Strukturen und „Gestalten" ebenfalls homomorph zum Kontinuum der Raum-Zeit-Koordinaten als Information über die Realität. Weil die Form dieser Information aber nur inhaltsrelevante Beziehungen, Zusammenhänge, Strukturen aus der Realität besitzt, ist sie zur Realität homomorph.

Raum- und Zeit-Koordinaten sind Fakten

Die Raum-Zeit ist ein Kontinuum und zur Realität homomorph. Eine Homomorphe Abbildung leistet weniger als eine Isomorphe Abbildung, die alle Beziehungen, Strukturen, Gestalten vom Original auf das Abbild überträgt: Eine Homomorphe Abbildung überträgt nur mindestens eine Beziehung, Struktur bzw. Gestalt. Das Original einer Homomorphen Abbildung ist reichhaltiger an Beziehungen, Strukturen, „Gestalten" als das Abbild. Zwischen Original und Bild eines Homomorphismus besteht ein „Gefälle" bzgl. der Reichhaltigkeit von Beziehungen, Strukturen und Gestalten:

Zwischen Realität und Raum-Zeit-Koordinaten als Fakten besteht ein Struktur-Gefälle.

6.5 Theorie: Homomorphes Abbild von Realität

Wahre Information über die Realität i.e.S. besteht nicht nur aus Fakten, die durch Strukturvergleich von Realität und Externer Information festgestellt werden, sondern auch aus Theorie über die Realität, die durch Logisches Schließen, z.B. eines Arztes, gewonnen wird:

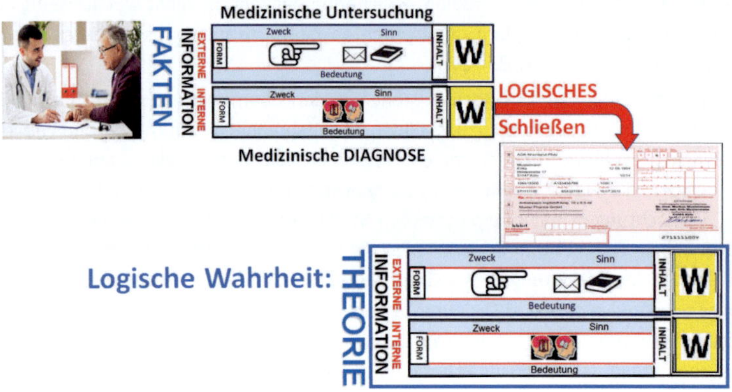

Aus den Fakten – z.B. Blutdruck, Körpertemperatur, Blut- und Harnwerte – ergibt sich Diagnose und Therapie bzw. das Rezept durch Logisches Schließen des Arztes als „Logische Wahrheit":

Deduktives logisches Schließen bedeutet: Aus einer wahren Information folgt mit absoluter Sicherheit eine neue wahre Information, eine neue Logische Wahrheit. Induktives logisches Schließen dagegen bedeutet: Aus einer wahren Information folgt eine „höchstwahrscheinlich wahre" neue Information als Logische Wahrheit.

Induktives Schließen – oft vermischt mit Deduktivem Schließen" – erzeugt als Logische Wahrheit eine „Begründete THEORIE" mit einem Rest von Unsicherheit, was ihre Wahrheit angeht:

Begründete THEORIE ist nur höchstwahrscheinlich wahr, keinesfalls absolut sicher wahr.

Medizinische Diagnosen und Therapien sind meist Begründete THEORIE.

Nicht nur Medizin, sondern fast alle Wissenschaften liefern viel Begründete THEORIE über die Realität, oft als Empirische Information: Deren nicht absolut sichere Wahrheit ergibt sich aus der Statistik als Theorie über den Umgang mit umfangreicher quantitativer Information.

Realität wird nicht nur homomorph auf Fakten, sondern auch auf Begründete Theorie abgebildet, falls diese wirklich wahr ist:

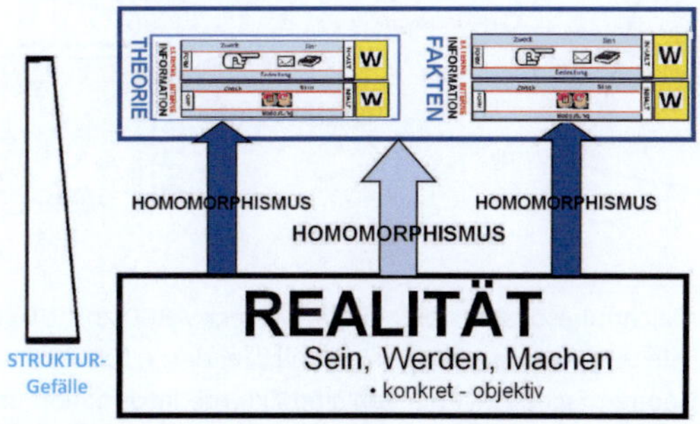

Nicht nur medizinische Diagnosen und Therapien, sondern auch Wetter- und Klimaprognosen, naturwissenschaftliche und technische Experimente beruhen auf Theorie über die Realität. Unübersehbar ist das Strukturgefälle zwischen Realität und Wahrheit.

Wahrheit als Fakten bezieht sich ausschließlich auf die konkrete, objektive Realität i.e.S.. Begründete Theorie und sogar Bewiesene Theorie gibt es auch über Virtuelle Realität:

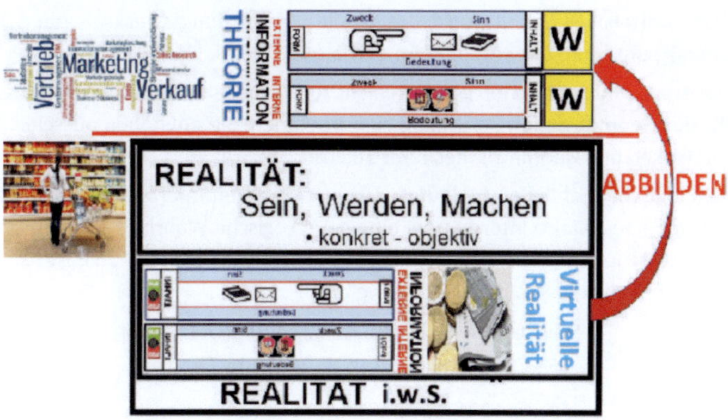

Betriebswirtschaftslehre ist Begründete Theorie über die Virtuelle Realität Warenbestand, Warenpreise und Geld etc.. Die Theorie ist homomorphes Abbild der Virtuellen Realität, falls Ihre Erkenntnisse wirklich wahr sind. Dasselbe gilt für die Meteorologie und die Medizin, genauso für die Sportwissenschaft, die sich mit dem Fußball befasst.

Die „Virtuelle Realität Geometrie" hat als Homomorphes Abbild eine nicht nur Begründete, sondern sogar „Bewiesene Theorie GEOMETRIE":

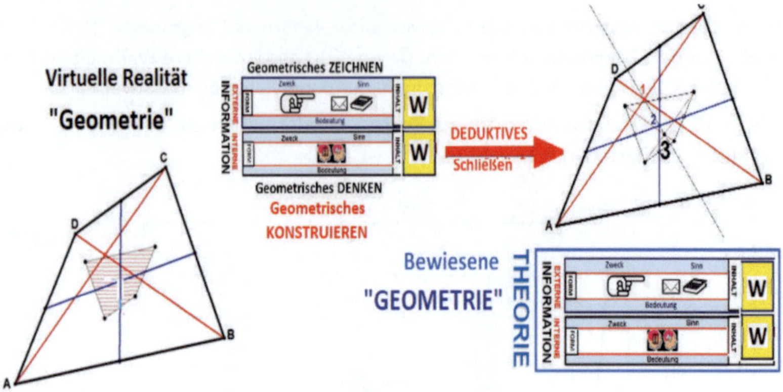

Die Geometrische Zeichnung besteht aus einem Viereck ABCD mit Diagonalen und Mittellinien. Jede Diagonale teilt das Viereck in zwei Dreiecke, deren Schwerpunkte das schraffierte Viereck bilden. Geometrische Zeichnungen sind Externe Information und gehören als solche zur Virtuellen Realität „Geometrie": Punkte ohne Ausdehnung, in der Breite ausdehnungslose Strecken gibt es nur in der Virtuellen Realität.

Durch rein Deduktives Schließen ergibt sich: Eine Drehstreckung mit Drehwinkel 180°, Streckfaktor 3 und dem Schnittpunkt der Mittellinien als Zentrum macht aus dem schraffierten Viereck das Viereck ABCD. Folglich gilt:

- Der Diagonalen-Schnittpunkt (1), der Mittellinien-Schwerpunkt (2) und der Schwerpunkt des Vierecks ABCD (3) liegen alle auf einer Geraden.
- Der Mittellinien-Schnittpunkt teilt die Verbindungsstrecke vom Diagonalen-Schnittpunkt zum Schwerpunkt im Verhältnis 3:1 (vgl. [2], S.341f):

Diese bewiesenen Informationen gehören nicht zur Virtuellen Realität „Geometrie," denn sie sind nicht der Geometrischen Zeichnung zu entnehmen. Sie entstehen ausschließlich durch Logisches Denken und Geometrisches Konstruieren:

Deduktives logisches Schließen bedeutet: Aus einer wahren Information folgt mit absoluter Sicherheit eine neue wahre Information, eine neue Logische Wahrheit. Deduktives Schließen erzeugt als Logische Wahrheit eine **Bewiesene Theorie „GEOMETRIE"**. Sie ist das homomorphe Abbild der Virtuellen Realität „Geometrie".

Bewiesene THEORIE ist absolut sicher wahr
GEOMETRIE ist eine Bewiesene Theorie

Virtuelle Realität wird also nicht nur homomorph auf Begründete Theorie, sondern auch auf Bewiesene Theorie abgebildet:

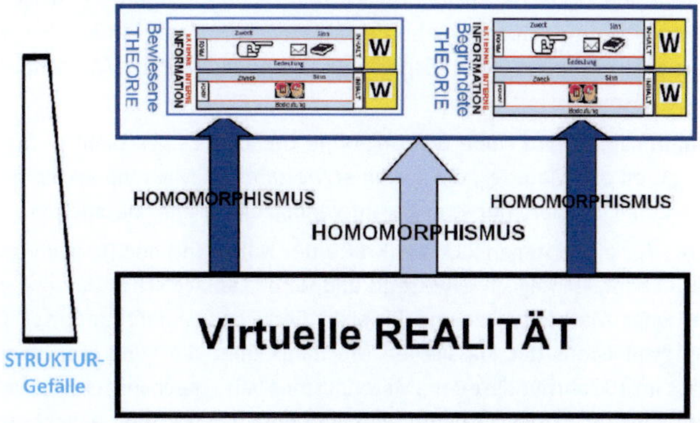

Klassisches Beispiel für eine Bewiesene Theorie ist die Newtonsche Mechanik (vgl. [2], S.394): Newton beschreibt Bewegungen von Körpern unter äußeren Einwirkungen. Ausgehend von Naturbeobachtung und Experiment werden nach Isaac Newton benannte Grundgesetze formuliert. Das erste Gesetz lautet:

„Ein jeder äußeren Einwirkung entzogener Körper verharrt („träge") in seinem Zustand der Ruhe oder der gleichförmig geradlinigen Bewegung".

Orts- und zeitabhängige Kräfte bewirken Änderungen des Bewegungszustands eines Körpers in Abhängigkeit von dessen „träger Masse": Innerhalb einer Zeitdifferenz Δt bzw. auf dem Weg von einem Ort zu einem anderen mit der Ortsdifferenz Δx müssen die Einwirkungen in „infinitesimal kleinen" Zeitdifferenzen dt bzw. „infinitesimal kleinen" Ortsänderungen dx als „unendliche Summen" addiert werden. Mit Hilfe der von Newton im 17.Jahrhundert erfundenen Infinitesimalrechnung als Differential- und Integralrechnung ergeben sich die von Galilei induktiv gefundenen „Gesetze des freien Falls" und die Bewegungsgrößen Impuls und Energie. Dabei werden seit Newton Körper im Modell von „punktförmigen Massen", als abstrakte „freie oder unfreie Massenpunkte" betrachtet. Auch im „Trägheitsgesetz" steckt schon eine Modellbildung: In der Natur und im Experiment kann kein Körper restlos äußeren Einwirkungen entzogen werden und z.B. „frei fallen".

Aus der „Mechanik des einzelnen Massenpunktes" werden Sätze über die „Mechanik der Punktsysteme" mit „Inneren und Äußeren Kräften", als starre oder deformierbare „Feste Körper" oder als Flüssigkeiten und Gase rein mathematisch abgeleitet, z.B. über den Schwerpunkt eines Körpers und seine Bewegung, über Drehmomente und Drehimpulse sowie Bewegungsenergie, Potentielle Energie und Gesamtenergie bzw. über Energie- und Impulserhaltung, über die Bewegung eines Kreisels als Modell für die Erdrotation, über Schwingungen und Wellen etc.

Die Infinitesimalrechnung Newtons und seine Mechanik der Massenpunkte mit deren Orts- und Impulskoordinaten führt zum Determinismus und zum Kausalprinzip der Klassischen Physik, die ohne Einschränkungen bis zum Ende des 19.Jahrhunderts gelten:

- **Determinismus:** Kennt man zu einem bestimmten Zeitpunkt den Bewegungszustand eines Massenpunkts – seinen Ort und seinen Impuls – und alle Kräfte, die in der Folgezeit auf ihn einwirken, so ergibt sich rein rechnerisch jeder Bewegungszustand in der Zukunft und daraus die Bahn des Massenpunktes „bis in alle Ewigkeit". Das gilt für alle Massenpunkte eines Körpers und letztendlich für alle Massenpunkte der Erde und des Kosmos.
- **Kausalprinzip:** Es gibt keine Wirkung ohne Ursache. Es geschieht nichts ohne Grund. In der „Welt der Materie", die aus einer Vielzahl von Massenpunkten besteht, gibt es keinen Zufall, sondern nur strenge Notwendigkeit für alles Geschehen.

Ein „Geist", der für einen Augenblick alle Kräfte der Natur und den Bewegungszustand aller Massenpunkte kennt, ist folglich allwissend und wird „Laplace'scher Dämon" genannt (Laplace: Französischer Mathematiker und Physiker Ende des 18.Jahrhunderts). Offensichtlich greift der Determinismus der Klassischen Mechanik über die konkrete, objektive Realität hinaus, so dass im 19.Jahrhundert der „Materialismus" als „mechanistisches Weltbild" und in dessen Gefolge der Atheismus aufblüht: Alles Geschehen in der Welt – nicht nur das Mechanische – ist determiniert: Zufall, Willensfreiheit, Gut und Böse, ein Allmächtiger Gott etc. ist Selbsttäuschung. Erst im 20.Jahrhundert wird erkannt, dass die Newtonsche Mechanik und der Determinismus nicht uneingeschränkt für den Mikrokosmos gelten. Die Newtonsche Mechanik ist also eine Bewiesene Theorie für „normale" Körper, wie wir sie auf unserem Planeten Erde überall vorfinden und deshalb Grundlage für das Teilgebiet „Mechanik" der Technik.

Klassisches Beispiel für eine Begründete Theorie ist die **Darwin'sche Evolutionstheorie**:

Die von Ch. Darwin 1858/59 angestoßene und immer wieder weiterentwickelte Evolutionstheorie gilt innerhalb der Biologie als induktiv nachweisbare allgemeingültige, wenn nicht gar absolute Wahrheit. Sie betrachtet die verschiedenen Arten von Lebewesen nicht als zeitlos, sondern als veränderlich, als von der Natur gesteuerte Entwicklung im Verlaufe der Erdgeschichte.

Die Evolutionstheorie ist in hohem Maße mit Fakten belegt. Weil die an der Evolutionstheorie beteiligten Wissenschaften aber überwiegend induktiv argumentieren, bleibt sie eine Begründete Theorie.

Die Evolution der Lebewesen durch Gen-Veränderungen zieht sich gemäß der modernen Evolutionstheorie über den riesigen Zeitraum von rund vier Milliarden Jahren der Erdgeschichte hin. Damit ist das Evolutionsgeschehen für „normale" Menschen nicht „konkret" fassbar und kaum vorstellbar. Es liegt nicht „objektiv" vor uns. Es weist vielmehr über die Realität i.e.S. und Realität i.w.S. hinaus und gehört in eine „Erweiterte Realität" (vgl. 6.6).

Das politisch gegenwärtig aktuellste Thema ist die Wahrheit des Klimawandels. Die wissenschaftliche Seite des Klimawandels ist eine auf vielen Fakten und Argumenten aufgebaute Begründete Theorie, weil alle beteiligten Wissenschaften von ihrem Wesen her induktiv bzw. nicht ausschließlich deduktiv argumentieren. Niemand wird ein Gefallen getan, indem man den Klimawandel als bewiesen bezeichnet. „Induktives Schließen – oft vermischt mit Deduktivem Schließen" – erzeugt als Logische Wahrheit eine „Begründete THEORIE".

Es bleibt also der besagte Rest von Unsicherheit bzgl. der Wahrheit des Klimawandels, der aber auch dafür verantwortlich ist, dass in der Forschung weitere Anstrengungen unternommen werden, um mehr Klarheit über den Klimawandel zu bekommen, was grundsätzlich nur nützlich sein kann. Der Rest von Unsicherheit wird mit jeder neuen Wahrheit kleiner werden, wohl aber immer bleiben, wenn nicht eines Tages eine ausschließlich deduktiv schließende Wissenschaft auftritt, die den Klimawandel beweisen kann.

Fasst man zusammen, so wird die gesamte Realität i.w.S., bestehend aus Realität i.e.S. und Virtueller Realität, homomorph auf die gesamte Information, bestehend aus Fakten und Theorie, als wahre Information abgebildet, insoweit die Theorie die Wahrheit darstellt:

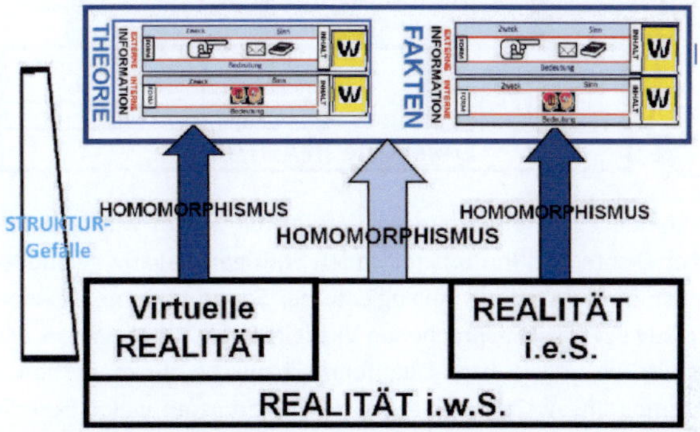

Die Newtonsche Mechanik bildet Realität i.e.S. ab, z.B. Planetenbewegungen um die Sonne, aber auch Virtuelle Realität: Die Planeten werden als „punktförmige Massen“ betrachtet.

Jedes Lernen, jede Ausbildung und jedes Studium hat zum Ziel, wahre Information über die Realität i.w.S. zu vermitteln: Dazu gehören einerseits viele Fakten, die vor allem aus praktischem Handeln, Berufspraxis und Praktika stammen, und immer auch Theorie:

- „Praxis ohne Theorie ist blind“,
- „Theorie ohne Praxis ist leer.“

Geschichtliche Ereignisse zählen einerseits zur Realität i.e.S., wenn alte Bauwerke oder andere Objekte in Museen als Zeitzeugen konkret und objektiv für alle zugänglich sind. Andernfalls gibt es viele schriftliche Dokumente bzw. „historische Quellen“ als Virtuelle Realität, die die Ereignisse bezeugen. Dies gilt mit Sicherheit für die Zeit von der Gegenwart zurück bis zu den ersten Hochkulturen in Ägypten und Mesopotamien etwa vor 5000 Jahren.

Nicht mehr konkret, objektive Realität bzw. entsprechende Virtuelle Realität ist ein Zeitraum von etwa 4 Milliarden Jahren wie bei der modernen Evolutionstheorie, weil er nur noch für wenige Spezialisten vorstellbar, zugänglich bzw. konkret und objektiv ist. In diesem und vielen anderen Fällen kann man von einer „Erweiterung der Realität i.w.S.“ durch entsprechende Theorie als „Erweiterte Wahrheit“ sprechen:

6.6 Erweiterte Wahrheit: Homomorphes Abbild von Erweiterter Realität

Die Realität des Mikrokosmos aus Molekülen, Atomen, Elektronen und noch kleineren Teilchen und die Realität des Makrokosmus aus unserem Sonnensystem mit der Sonne, ihren Planeten und Monden, Sternen, der Milchstraße und vielleicht über 50 Milliarden weiterer Galaxien sind nicht mehr konkrete und objektive Realität (i.e.S.) oder entsprechende Virtuelle Realität, also keine Realität i.w.S.. Die entsprechenden Theorien über den Mikrokosmos oder Makrokosmos erweitern die bisher bekannte wahre Information und bilden eine neue Virtuelle Realität homomorph ab, insoweit sie als Begründete Theorien wahr sind:

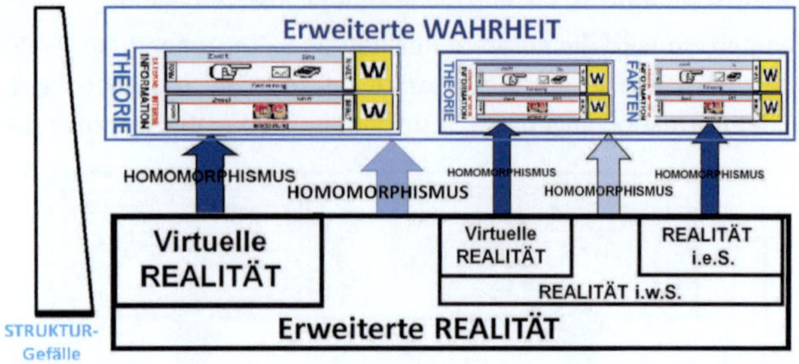

Die ersten Atommodelle vor etwa hundert Jahren mit einem winzigen positiv geladenen Atomkern riesiger Dichte und ihn umkreisenden winzigen negativ geladenen „Kügelchen", den Elektronen, kann man noch als Analogie zu der Sonne und ihren Planeten weitgehend konkret und objektiv bzw. als entsprechende Virtuelle Realität betrachten. Mit Sicherheit gilt dies nicht mehr für die Wellen- bzw. Quantenmechanik bis zur modernen Quantentheorie für den Mikrokosmos. Insoweit sie eine mit den Ergebnissen vieler Experimente der Teilchenphysik belegte Virtuelle Realität homomorph abbilden, erweitern Sie das Klassische Weltbild und damit die bis dahin bekannte Wahrheit über den Mikrokosmos. Bis zum heutigen Tag ist kein physikalisches Experiment bekannt, das im Widerspruch zur nur in der Formalsprache der Mathematik darstellbaren Quantentheorie steht: Erweiterte Wahrheit ist ein homomorphes Abbild Erweiterter Realität, wobei Erweiterte Wahrheit und Erweiterte Realität die ursprüngliche Wahrheit und ursprüngliche Realität einschließen (siehe oben!). Zum Mikrokosmos zählt natürlich auch die nicht mehr mit dem Mikroskop sichtbare belebte Natur der Biomoleküle: Die DNA als Träger der gesamten Erb-Information aller Lebewesen ist eine weitere Neue Virtuelle Realität mit entsprechender durch die Formelsprache der Chemie dargestellten Theorie. Sie gilt als uneingeschränkt wahr und wird in modernster Gentechnik tagtäglich praktisch angewandt.

Die Realität des Makrokosmos umfasst die Realität des Mikrokosmos, weil die Erde mit ihrem Mikrokosmos sich nicht vom Mikrokosmos von Sonne, Mond und Sternen unterscheidet, wie die Kosmologie als entsprechende Theorie behauptet und was mit astronomischen Experimenten unwidersprochen belegt ist. Insofern bildet die Realität des Makrokosmos eine Erweiterte Realität der Erweiterten Realität des Mikrokosmos:

Die Erweiterte Realität des Makrokosmos wird durch die beiden Relativitätstheorien von Albert Einstein seit etwa hundert Jahren homomorph abgebildet:

Im mechanistischen Weltbild kann man die meisten physikalischen Naturphänomene mit der „Klassischen Mechanik" erklären, nicht aber die Ausbreitung des Lichts im Vakuum, deren Geschwindigkeit auch nicht dadurch gesteigert werden kann, dass die Lichtquelle eine Eigengeschwindigkeit besitzt, indem sie z.B. auf einem Schnellzug mitfährt. Andererseits bewegt sich die Erde im Weltall, was im Bezugssystem „Erde" unbemerkt bleibt, in anderen Bezugsystemen außerhalb der Erde aber beobachtbar ist. Unterschiedliche Bezugssysteme sind die Ursache für Widersprüche, die sich aus der Anwendung der Klassischen Mechanik ergeben. Diese Widersprüche werden offensichtlich und messbar, wenn die Relativgeschwindigkeit der Bezugssysteme sehr groß ist und sich der Lichtgeschwindigkeit annähert.

A. Einstein stellt 1905 für seine „Spezielle Relativitätstheorie“ zwei Grundgesetze auf, wobei das „2.Postulat“ von zentraler Bedeutung ist: Die Lichtgeschwindigkeit im Vakuum hat unabhängig von der Bewegung der Lichtquelle oder des Beobachters immer denselben Wert (etwa 360000 km/s). Die Spezielle Relativitätstheorie erklärt die widersprüchlichen Beobachtungen in verschiedenenen Bezugssystemen:

- Die Beobachter messen Zeiten und Entfernungen jeweils mit unterschiedlichen Maßstäben, d.h. Längen- und Zeitangaben sind relativ: In unterschiedlichen Bezugssystemen wird „nicht mit demselben Meterstab gemessen“ und auch „die Uhren gehen anders“.
- Die Trägheit der Masse wird gegenüber der Ruhemasse mit wachsender Geschwindigkeit immer größer. Im Grenzfall der Lichtgeschwindigkeit wird sie unendlich groß.
- Die „träge“ Ruhemasse ist eine Form von Energie: $E_0 = m_0c^2$. Energie besitzt Trägheit. Masse kann in Energie umgewandelt werden: 1 kg entspricht 25 Terawattstunden und 5-6 t entspricht dem jährlichen Energieverbrauch in Deutschland. In Atom-und Wasserstoffbomben und Kernkraftwerken wird Masse in Energie umgesetzt. Die gewöhnlich in Natur und Technik auftretenden Energien sind viel zu klein, um ihre Trägheit zu bemerken und zu messen.
- Der dreidimensionale Raum und die eindimensionale Zeit „verschmelzen“ zur vierdimensionalen Raumzeit. Die physikalische Wirklichkeit ist nicht als „Zeitliches Dahinströmen“ im dreidimensionalen Raum zu begreifen, sondern eher als ein unveränderliches Sein in einer vierdimensionalen Raumzeit-Welt ohne Vergangenheit, Gegenwart und Zukunft.

Diese vierdimensionale Raumzeit-Welt greift eindeutig über die Realität i.e.S. hinaus:

In der vertrauten Raum-Zeit-Welt „ist alles im Fluss“, in laufender Veränderung innerhalb des dreidimensionalen Raums und der eindimensionalen Zeit. Der griechische Philosoph Heraklit erkennt im Fließen das Wesen der Dinge. Aber schon seine zeitgenössischen Gegner suchen das Unveränderliche, das der Veränderung der Dinge zugrunde liegt. Die vierdimensionale Raumzeit-Welt ist unveränderlich und liegt der konkret-objektiven Raum-Zeit-Welt physikalisch zugrunde. Beide Welten sind über die dominante Größe der Lichtgeschwindigkeit im Vakuum unzertrennlich verbunden. Leider ist die vierdimensionale Raumzeit-Welt per se nicht im dreidimensionale Anschauungsraum zeitlich erlebbar, sondern nur mathematisch darstellbar.

Im Jahr 1916 vollendet A. Einstein seine „Allgemeine Relativitätstheorie“, mit der er die mit einer Masse verbundene Schwerkraft mit der „Krümmung“ der vierdimensionalen Raumzeit durch die Anwesenheit von Massen bzw. gleichwertigen Energien erklärt: Die Schwerkraft ist wie die Trägheitskräfte, die wir von Brems- oder Dreh-Bewegungen kennen, eine „virtuelle Kraft“, die von der „Krümmung“ der Raumzeit-Welt „vorgetäuscht“ wird:

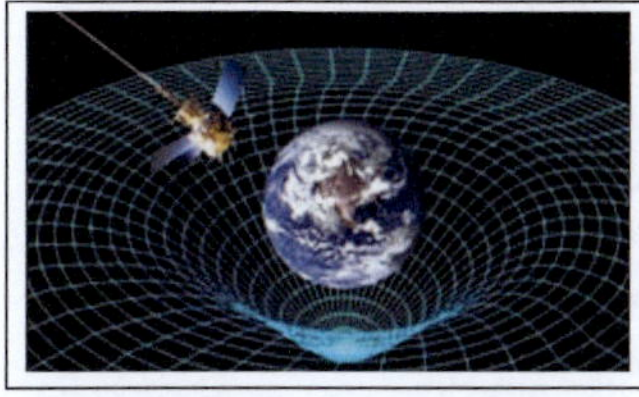

Weil die Raumzeit in der Umgebung der Erde gekrümmt ist, wird der künstliche Erdsatellit in Richtung Erde beschleunigt. Seine Rotation um die Erde bewirkt eine entgegengesetzte Beschleunigung.
In dem Moment, wenn sich die beiden entgegengesetzten Beschleunigungen aufheben, erreicht der Satellit seine Umlaufbahn und verharrt dort.

Die Sonnenmasse entspricht etwa 333000 Erdmassen. Die Allgemeine Relativitätstheorie sagt voraus, dass die Ellipsenbahnen der Planeten um die Sonne, sich selber langsam um die Sonne drehen. Am besten ist dieser schwache Effekt beim Merkur als sonnennächstem Planeten zu beobachten:

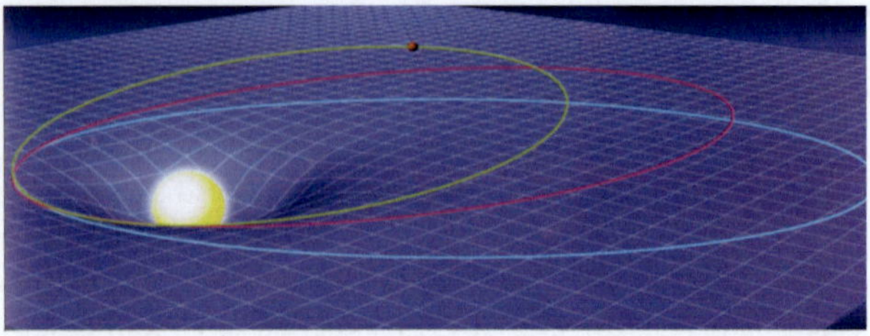

Seine Bahn muss sich gemäß der Allgemeinen Relativitätstheorie in hundert Jahren um etwa 2/3 Bogenminuten drehen. Die Astronomen hatten durch Vermessung der Merkur-Bahn schon lange Zeit davor 43 Bogensekunden = 43/60 Bogenminuten für die „Perihel-Drehung" der Merkur-Bahn ermittelt, die aus der Klassischen Mechanik nicht abgeleitet werden kann. Genaugenommen bewegt sich der Merkur nicht auf einer elliptischen, sondern auf einer rosettenförmigen Bahn.

Die Allgemeine Relativitätstheorie kann noch andere über die Klassische Mechanik hinausgehende Naturphänomene mathematisch ableiten. Auch die Gravitation, nicht nur die Geschwindigkeit, beeinflusst die Zeitmessung: Eine Uhr auf dem Berg geht schneller als im benachbarten Tal. Dieser Effekt ist so stark, dass er bei einem „GPS" berücksichtigt wird. Auch die Existenz von „Schwarzen Löchern" und Gravitationswellen im Weltall können gefolgert werden. Gravitationswellen konnten experimentell vor drei Jahren nachgewiesen werden, wofür 2018 der Nobelpreis für Physik vergeben wurde.

Das gesamte Universum kann als vierdimensionale gekrümmte Raumzeit-Welt gedacht und mathematisch beschrieben werden. Damit greift die Allgemeine Relativitätstheorie eindeutig über die konkrete, objektive Realität hinaus: Das Weltall als Ganzes ist kaum mehr begreifbar: Wegen seiner Größe ist es nicht mehr im herkömmlichen Sinne wahrnehmbar („konkret") und erst recht nur schwer als „gegenüberliegend" („objektiv") vorzustellen, da man sich nicht außerhalb positionieren kann.

Die Relativitätstheorie steht nicht im Widerspruch zur Klassischen Mechanik, sondern ist eine sinnvolle Erweiterung für das Verhalten von Körpern bei hohen Geschwindigkeiten und in der Nähe von großen Massen. Im Grenzfall verschwindend geringer Geschwindigkeiten und kleiner Massen geht die Relativistische Mechanik in die Klassische Mechanik über. Betrachtet man auch die wenigen einfachen, einsichtigen Grundgesetze als „logisch", dann ist die Relativistische Mechanik deduktiv beweisbar und damit eine Erweiterte Wahrheit über eine Erweiterte Realität.

So ergibt sich das obige Bild von immer wieder von Neuem ineinander verschachtelten Erweiterten Realitäten und entsprechend homomorph abgebildeten Erweiterten Wahrheiten: Neue Virtuelle Realitäten werden homomorph durch Neue Theorien abgebildet, insoweit sie wahr sind. Die Neue Erweiterte Realität wird homomorph auf die Neue Erweiterte Wahrheit abgebildet. Mit jeder neuen Wahrheit wird das Strukturgefälle zwischen Realität und ihrem homomorphen Abbild, der Wahrheit, geringer.

6.7 Ganze Wahrheit: Isomorphes Abbild von Totaler Realität

Geht die Verschachtelung von Erweiterter Realität und entsprechender Erweiterter Wahrheit mit ihrem jeweiligen Homomorphismus immer weiter oder hat sie gar ein Ende:

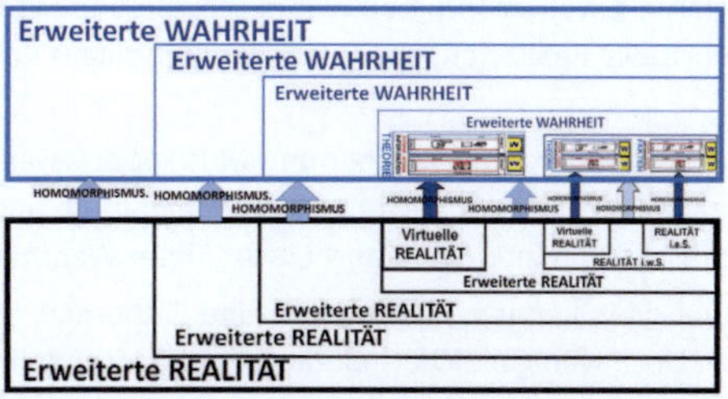

Die Erweiterung von Wahrheit und Realität bricht dann ab, wenn das Strukturgefälle zwischen Realität und Wahrheit verschwunden ist bzw. der Homomorphismus zwischen Realität und Wahrheit zum Isomorphismus wird:

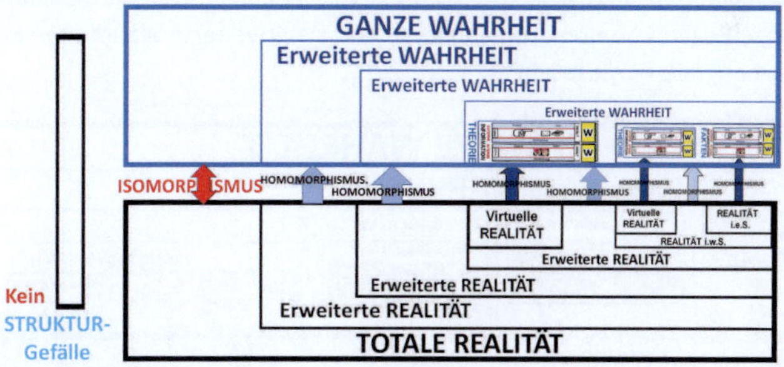

Dann wären Wahrheit und Realität strukturgleich geworden und jede Erweiterung wäre sinnlos: „Totale Realität" und „Ganze Wahrheit". Ob dies geschieht oder geschehen kann, bleibt offen.

In der antiken griechischen und mittelalterlichen christlichen Philosophie besteht das Wesen der Realität im ewigen, zeitlosen „Sein" und das Wesen von Wahrheit im ewigen, zeitlosen „Sinn" der wahren Information:

- „Sein" in der Realität entspricht wechselseitig „Sinn" in der wahren Information über die Realität.
- Das „Sein" ist die Grundlage von Realität, der „Sinn" die Grundlage von Wahrheit.

Bei der Isomorphen Abbildung von „Totaler Realität" auf „Ganze Wahrheit" geht das „Reale Sein" der Realität „invariant" (lat.: unveränderlich) in das „Virtuelle Sein" der Information als „Sinn" über. Das „Sein" ist also eine „Invariante" der Isomorphen Abbildung. Das antike und mittelalterliche philosophische „Sein" ist also nichts anderes als die Beziehungen, Zusammenhänge, Strukturen und „Gestalten" von Realität bzw. Wahrheit:

Die Wahrheit besteht im „Sein".
Realität und Wahrheit sind im Wesentlichen dasselbe.

6.8 Intuitive Wahrheit, Tiefe und Religiöse Wahrheit

Wissenschaft und vor allem Kunst leben nicht zuletzt von „Intuitiver Wahrheit": Intuition bedeutet unmittelbare Anschauung ohne bewusstes logisches Schließen. Künstler und geniale Wissenschaftler kreieren mit ihrer Intuition wahre Interne und Externe Information über die Realität i.e.S. und Virtuelle Realitäten, aber auch darüber hinaus über eine „Tiefere Realität":

Kreative Dichter, Maler, Bildhauer, Filmemacher und Musiker erfassen mit ihrer Kunst, „tiefere Schichten" der Realität jenseits der gewöhnlichen Realität, um mit Fiktionen bestimmte Fakten, Theorien, Empirische und Intuitive Wahrheit zu „Tiefer Wahrheit" zu „verdichten".

Intuitive und Tiefe Wahrheit kennen überhaupt keine Sicherheit, weder absolute noch höchstwahrscheinliche. Noch weniger Sicherheit bietet „Religiöse Wahrheit":

Ohne die Vorstellung einer Tieferen Realität gäbe es keine Religion und keine „Religiöse Wahrheit": Religionen begründen eine „Übernatürliche Realität" von Gott, Göttern bzw. „göttlichen Mächten", die auf die gewöhnliche Realität einwirken. Information über „Übernatürliche Realität" wird auch als „Glaube" bezeichnet: „Glauben heißt nicht Wissen!"

Insoweit Intuitive, Tiefe und Religiöse Wahrheit die Realität i.e.S., die Realität i.w.S. oder eine Erweiterte Realität homomorph abbilden, sind sie Erweiterte Wahrheiten innerhalb der Ganzen Wahrheit, falls es diese gibt:

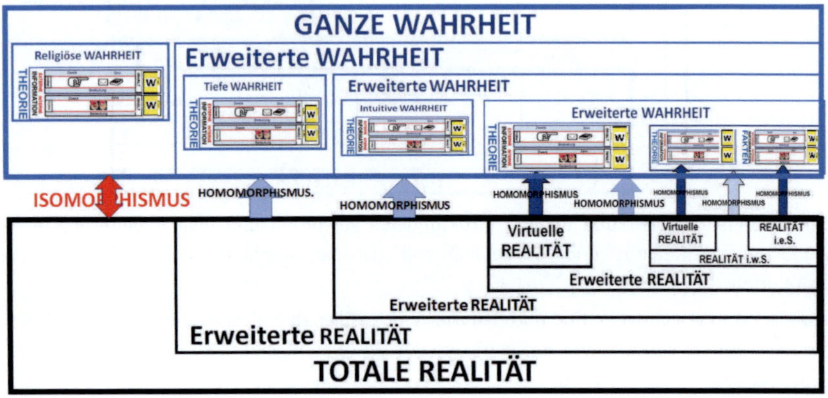

(Intuitive, Tiefe und Religiöse Wahrheit sind willkürlich platziert.)

Das Verhältnis der Menschen von Realität zu Wahrheit bzw. Information gleicht der Situation der gefangenen und angeketteten Höhlenbewohner im „Höhlengleichnis" von Platon:

Die dem Ausgang der Höhle und damit der Realität abgewandten Höhlenbewohner sehen nur den Schatten der Realität als deren Reales Homomorphes, nicht isomorphes Abbild:

„Die Wahrheit ist nur der Schatten".

Deshalb braucht es nicht zu verwundern, dass der Mensch über seine konkrete, objektive Realität hinaus in „tiefere Schichten" der Realität vordringen möchte, um dabei „Tiefe Wahrheit" zu erkennen.

NACHWORT

Nach meiner beruflichen Tätigkeit in der Lehrerbildung an der Pädagogischen Hochschule Weingarten (Baden-Württemberg) liegt mir immer noch die Didaktik der Informatik mit der Informatischen bzw. „Digitalen Bildung“ am Herzen. Oft wird festgestellt und beklagt, dass der Informationsbegriff der Informatik im Informatikunterricht nicht so recht fruchtbar wird. Das hat seine Ursachen:

Die ausschließlich an wissenschaftlichen Erwägungen der Fachwissenschaft Informatik orientierte Bildungsinformatik bzw. der über die Gesellschaft für Informatik (GI) vorgegebene Informationsbegriff (vgl. [1]) ist einseitig und Ausdruck weitverbreiteter ,,Wissenschaftsgläubigkeit“, wie wir sie vom Anfangsunterricht in Arithmetik her kennen:

Bestimmt der wissenschaftliche Kardinalzahlbegriff und die Mengenlehre den Anfangsunterricht in Arithmetik, geht das gründlich schief, wie man das in den 70er-Jahren schmerzlich erfahren musste. Unterschiedliche Zahlvorstellungen entstehen aus dem handelnden Umgang mit gleichartigen Gegenständen unterschiedlicher Vielzahl. Mathematisch resultieren daraus die Mengenlehre und der Kardinalzahlbegriff.

Unterschiedliche Vorstellungen von Information wie Wissen, Beobachtungen, Erfahrungen, Mitteilungen, mündliche und schriftliche, bildhafte und symbolhafte, numerische und geometrische, natur- und kulturkundliche Information prägen den handlungsorientierten Umgang der Menschen mit Information. Daraus kann der wissenschaftliche Informationsbegriff entstehen. Nicht umgekehrt! Die Didaktik der Informatik muss unbedingt aus dem ,,Desaster Mengenlehre“ lernen:

Für die Bildungsinformatik ist ein anderer Informationsbegriff dringend vonnöten: Er kann nicht aus dem wissenschaftlichen Informationsbegriff deduktiv, sondern muss aus der Realität des Alltags, in der Informationen eine bedeutende Rolle spielen, induktiv gewonnen werden.

Lit.:

(1) Gesellschaft für Informatik (GI) e.V.: Bildungsstandards Informatik für die Sekundarstufe II , 2016, S.9

(2) Brenner, Anton:
INFORMATION REALITÄT WAHRHEIT, Cuvillier-Verlag Göttingen, 2018, 460 S.